伊達政宗公生誕四五〇年記念

伊達な文化の伝承と記憶

古田義弘

「政宗ワールド」フェスタ
（2017年9月30日　於仙台城跡）

迫力ある片倉鉄砲隊の演武（上）戦国時代さながらの日置流の弓術（中左）迫力ある柳生心眼流の甲冑兵法（中右）鮮やかな幟旗を掲げて入場する米沢藩古式砲術保存会（下）

勇壮に打ち鳴らす霊山太鼓

天守台に舞ったすずめ踊り

石州流がお点前を披露

おなじみとなった伊達武将隊

はじめに

仙台藩祖《せんだいはんそ》伊達《だて》政宗公《まさむねこう》は、一五六七年(永禄《えいろく》十)八月三日(新暦《しんれき》では九月五日)、伊達家十六世当主伊達輝宗《てるむね》と義姫《よしひめ》(最上義光《もがみよしあき》の妹)の長男として、出羽国米沢《でわのくによねざわ》(現山形県米沢市)に生まれました。

政宗公は、戦国末期を代表する武将《ぶしょう》として今なお人気があり、「独眼竜《どくがんりゅう》」の異名《いみょう》でも知られています。本年二〇一七年(平成二十九)には政宗公生誕《せいたん》四五〇年を迎え、その記念祝賀行事として「政宗ワールド」フェスタが、伊達文化の教育普及と観光振興、地域間交流、地域活性化を目的として、本日九月三十日開催されることになりました。

この仙台城跡にて、仙台藩の祝い唄として広く歌い継がれてきた「さんさ時雨《しぐれ》」を仙台春城会様より、次いで武芸の演武として、「政宗ワールド」の三地域(花山・白石・米沢)の鉄砲隊の皆様による火縄銃《ひなわじゅう》をご覧いただきます。

また、仙台藩で独自の発展を遂げ、伊達家に伝わってきた日置流印西派《へきりゅういんさいは》による伝統の弓術《きゅうじゅつ》を、一方、仙台藩のみならず全国各地にも広まった柳生心眼流《やぎゅうしんがんりゅう》の演武を、仙台柳心会の皆様にご披露いただきます。

さらに、藩政時代のスタイルが変わることなく連綿《れんめん》と受け継がれてきた仙台藩茶道の正式な流儀である石州流清水派《せきしゅうりゅうしみずは》のお点前《てまえ》をご紹介させていただくほか、伊達家発祥の地、福島県伊達市から勇壮な霊山太鼓《りょうぜんだいこ》の演奏もございます。

子どもたちを中心に、伊達武将隊と地域の皆様にもご参加いただき、「チャンバラ合戦」も行なわれます。そのほか、伊達武将隊の演武、仙台城の新築移転の宴席《えんせき》で踊られたという「すずめ踊り」を四百年の時を経てこの地で再現致します。

本日は晴天の下、開催の運びとなりましたことに、深くお礼申し上げます。そして、本日ここに御多忙のところご臨席《りんせき》頂き、ご祝辞《しゅくじ》を賜《たまわ》りました宮城県知事・村井嘉浩様（代理・河端章好副知事様）、福島県伊達市長・仁志田昇司様、そして参議院議員・愛知治郎様はじめ多くのご来賓の皆様、開催に指導・御協賛いただきました法人・団体・個人の皆様、ご観覧・ご参加・ご体験いただきますお集まりの皆様に厚くお礼申し上げ、開催のご挨拶《あいさつ》と致します。

平成二十九年九月三十日

「政宗ワールド」プロジェクト

理事長　古田　義弘

仙台市役所玄関

目次

第一章　「政宗ワールド」フェスタ・伝承

１「政宗ワールド」フェスタの開会式

（場所・伊達政宗公騎馬像西側）

伊達政宗公生誕四五〇年記念祝賀「政宗ワールド」フェスタの開会を告げる式典。主催の「政宗ワールド」プロジェクト理事長・古田義弘よりあいさつ。続いてご来賓の村井嘉浩宮城県知事（代理・川端章好副知事）様からのご祝辞が披露され、福島県伊達市の仁志田昇司市長様よりご祝辞を賜りました。

仙台城跡にある伊達政宗公の騎馬像

ご来賓の皆様

2 「政宗ワールド」は伊達家に関する広大な領域

「政宗ワールド」は、旧伊達領、つまり、現在の宮城県、岩手県南部（一関・平泉・水沢・江刺・大船渡、釜石市の一部など）、山形県置賜《おきたま》（米沢・高畠《たかはた》・長井など）、福島県伊達郡・信夫《しのぶ》郡、会津若松市、三春町など、茨城県筑西《ちくせい》市、龍ヶ崎市、滋賀県近江八幡市、東近江市などの旧領および愛媛県宇和島市などの伊達家ゆかりの土地、さらには明治維新後に仙台藩から北海道に渡った人々が定住した伊達市、伊達紋別《もんべつ》、当《とう》別《べつ》、登別《のぼりべつ》、白老《しらおい》など、伊達家に関係する広域な領域です。

「政宗ワールド」フェスタの概要〈2017 年 9 月 30 日（土）　於：仙台城跡〉

1.	開会式	10:00~10:20	伊達政宗公騎馬像西側
2.	仙台春城会　さんさ時雨	10:20~10:30	伊達政宗公騎馬像西側
3.	鉄砲隊　火縄銃演武	10:30~12:00	伊達政宗公騎馬像西側
4.	伊達武将隊　演武	11:00~11:10	青葉城本丸会館庭園
5.	石州流清水派茶席　一席目	11:00~11:40	青葉城本丸会館 2F 大広間
6.	仙台春城会　民謡披露	11:15~11:30	青葉城本丸会館庭園
7.	霊山太鼓　披露	11:50~12:05	青葉城本丸会館庭園
8.	石州流清水派茶席　二席目	11:50~12:30	青葉城本丸会館 2F 大広間
9.	すずめ踊り　演舞	12:00~12:30	伊達政宗公騎馬像西側
10.	石州流清水派茶席　三席目	12:40~13:20	青葉城本丸会館 2F 大広間
11.	チャンバラ合戦　一回戦	13:00~14:00	伊達政宗公騎馬像西側
12.	日置流印西派　奉納・演武	13:00~14:30	宮城縣護國神社境内特設会場
13.	霊山太鼓　披露	13:30~13:45	青葉城本丸会館庭園
14.	石州流清水派茶席　四席目	13:30~14:10	青葉城本丸会館 2F 大広間
15.	すずめ踊り　演舞	14:10~14:40	伊達政宗公騎馬像西側
16.	伊達武将隊　演武	14:15~14:30	青葉城本丸会館庭園
17.	チャンバラ合戦　二回戦	15:00~16:00	伊達政宗公騎馬像西側
18.	柳生心眼流甲冑兵法　演武	15:00~16:00	青葉城本丸会館庭園
19.	㈱日本レストランエンタープライズ（駅弁「政宗公御膳」の企画・監修・販売）		
20.	仙台商業高等学校商業情報部（生徒による地元食材を使った食品販売）		
21.	国宝・大崎八幡宮（「仙台・江戸学叢書」の販売）		

3「さんさ時雨《しぐれ》」披露

（参加団体・仙台春城会）

「さんさ時雨」は、伊達軍による勝ち戦《いくさ》の直後、伊達軍の将兵によって作られ、歌われたとされる民謡です。仙台藩領においては、「祝いの歌」として広く歌われています。伊達政宗公の生誕四五〇年の祝賀のため、オープニングの「祝い歌」として披露されました。

仙台春城会　会長小野春城様

さんさ時雨

（宮城県民謡）

さんさ時雨か　萱野の雨か（ハーヤートヤート）
音もせできて　濡れかかるしょうがいナー
（ハァーめでたいめでたい）
この屋座敷は　目出度い座敷（ハーヤートヤート）
鶴と亀とが　舞い遊ぶしょうがいナー
（ハァーめでたいめでたい）
キジのめんどり　小松の下に（ハーヤートヤート）
つまを呼ぶ声　千代千代としょうがいナー
（ハァーめでたいめでたい）
門に門松　祝いに小松（ハーヤートヤート）
かかる白雪　皆小金しょうがいナー
（ハァーめでたいめでたい）

4「火縄銃《ひなわじゅう》」演武《えんぶ》

(参加団体・花山鉄砲組、片倉鉄砲隊、米沢藩古式砲術保存会)

「政宗ワールド」内の鉄砲隊として、花山鉄砲組、片倉鉄砲隊、米沢藩古式砲術保存会の三団体による火縄銃演武が披露されました。花山と白石の鉄砲隊は仙台藩を代表する鉄砲隊です。

また、米沢藩古式砲術保存会からは「政宗公生誕の地に住む者として、その後の政宗公の居城であった仙台城本丸で演武を行なわせていただき、祝賀の敬意を表したい」とのお言葉を頂きました。

この後の鉄砲隊火縄銃演武は「祝砲《しゅくほう》」としての意味もあり、その大音響を通して我が宮城県・仙台市の礎《いしずえ》を築かれた政宗公の生誕四五〇年の祝意を皆様の心の奥までお届けするものです。

一日のプログラムの中で、見学者が最も多く、大きな感銘を与えたのではないでしょうか。

片倉鉄砲隊

米沢藩古式砲術保存会

花山鉄砲組

5 「伊達武将隊《だてぶしょうたい》」演武《えんぶ》

（参加団体・奥州仙台おもてなし集団　伊達武将隊）

奥州・仙台おもてなし集団「伊達武将隊」は、仙台・宮城の魅力を全世界に届けるため、平成の仙台に蘇《よみがえ》った伊達政宗公とその家臣たちです。政宗公生誕四五〇年の今年、ますます活躍の場を広げている彼らが披露した迫力満点の演武により、フェスタの熱を更に高めました。

伊達武将隊

迫力満点の演武

子供たちも登壇し、参加したございいん音頭

6「石州流《せきしゅうりゅう》清水派《しみずは》茶道《さどう》」お点前

（参加団体・仙台藩茶道石州流清水派宗家
十一世大泉道鑑《どうかん》様）

仙台藩茶道は、政宗公が織部流《おりべりゅう》の祖古田織部《ふるたおりべ》の高弟一世清水道閑《しみずどうかん》を仙台藩茶道頭《さどうかしら》に抜擢《ばってき》したことに端を発しています。そして三世清水道竿《どうかん》が石州流清水派を仙台藩に確立させると共に全国各藩にもこの流儀を広めた功績から、石州流の祖と称されています。

歴代藩主の庇護《ひご》のもと、代々茶道頭により、明治以降はそれを継承した代々の宗家により、藩政時代の流儀が変わることなく連綿《れんめん》と今日まで受け継がれてきた仙台藩茶道の正式な流儀である石州流清水派のお点《て》前《まえ》が披露されました。

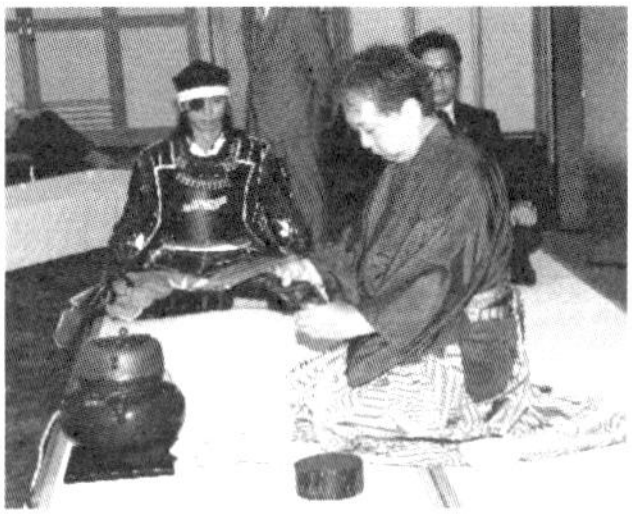

武将隊の「政宗公」も参加

武将隊の常長も参加

石州流のお点前を受ける参加者

7「霊山太鼓《りょうぜんだいこ》」披露《ひろう》

（参加団体・霊山太鼓遠征組）

霊山太鼓は、伊達氏発祥《はっしょう》の地、福島県伊達市《だてし》の霊山よりの参加です。

旧伊達郡は、伊達氏の初代朝宗《ともむね》が、鎌倉時代初期に源頼朝《みなもとのよりとも》より領地を与えられ、以降十四世稙宗《たねむね》まで伊達氏の本拠地でした。まさに「政宗ワールド」発祥の地と言えます。

霊山太鼓の特色は、桐《きり》の太く短いばちを高く上げ華々しく大太鼓を連打する「曲打ち」にあり、全国的にみても勇壮活発な上に技巧的で華《はな》やかに磨き上げられた祭囃子《まつりばやし》の代表です。

なお、初代伊達朝宗の居城は、高子館《たかこだて》（高子岡城）、のち梁川城《やながわ》で、次に桑折《こおり》高館（現伊達市）界隈《かいわい》を経て、高畠《たかはた》・米沢《よねざわ》（以上山形県）・岩出山《いわでやま》そして仙台（以上宮城県）と移りました。

会場には賑やかな祭囃子が響き渡った

8「仙台藩日置流印西派《へきりゅういんさいは》弓術《きゅうじゅつ》」演武《えんぶ》

（参加団体・十二世宗家吉田清明様、「伊達印西派」弓術研究会）

伊達家に伝わった伝統弓術、日置流印西派は、伊達政宗公の時代に伝わり、藩内で独自の発展を遂げました。

伊達政宗公生誕四五〇年記念祝賀という機会に、伊達家に伝わった伝統弓術である日置流印西派の復興と継承、保存を目的として披露します。

演武終了後には、子どもも参加できる弓術体験コーナーを設け、子どものみならず、外国からのお客様からも大好評を博し、体験希望者の長蛇《ちょうだ》の列が続きました。

敵の矢玉を防ぐため、伏せた姿勢で矢を番える

戦場で敵を制する本来の弓術を今に伝える演武

勇ましい姿で入場

9「すずめ踊り」演舞《えんぶ》

（参加団体・仙臺《せんだい》すずめ踊り連盟）

仙台すずめ踊りは、一六〇三年（慶長《けいちょう》八）、仙台城の新築の宴席《えんせき》で、泉州堺《せんしゅうさかい》（現大阪府堺市）から来ていた石工《いしく》たちが、仙台城本丸で即興《そっきょう》で披露した踊りに始まったと言われています。

四百年の時を経て、政宗公もご覧になっていたというすずめ踊りを原形にして、踊り手たちが伊達政宗公生誕四五〇年の祝賀として、再びすずめ踊り発祥の地と言われる、「仙台城本丸」で披露しました。現在、仙台の祭りでは定番となっており、参加者は年々増えています。

発祥の地、「仙台城本丸」で演舞

石工たちが即興で披露したすずめ踊り

仙台の祭りでは定番

10「チャンバラ合戦《かっせん》―戦《いくさ》ＩＫＵＳＡ―」

（参加団体・株式会社Tears Switch）

子どもたちを中心に、伊達武将隊《だてぶしょうたい》、地域住民の皆様が参加する多世代交流型イベントで、日常では味わえない高揚感《こうようかん》を楽しく体験し、「合戦」をモチーフにしたアクティビティーの中で、若い世代が歴史的諸事に興味を抱くきっかけとなりました。伊達武将隊も参加し、大盛況でした。

閧（とき）の声を上げ、気持ちを一つに

秋晴れの下、伊達武将隊も参加して老若男女が楽しんだ

11 「柳生心眼流《やぎゅうしんがんりゅう》　甲冑兵法《かっちゅうへいほう》」演武《えんぶ》

（参加団体・仙台柳心会）

柳生心眼流《やぎゅうしんがんりゅう》（甲冑術《かっちゅうじゅつ》・甲冑柔術《かっちゅうじゅうじゅつ》）は、仙台で生まれた総合武術の流派です。江戸時代の初め、竹永隼人兼次《たけながはやとかねつぐ》が、様々《さまざま》な流派の剣術を習得した後、江戸にのぼって当代一の剣豪柳生宗矩《けんごうやぎゅうむねのり》に師事《しじ》しました。

柳生宗矩のもとで修業を積んだ竹永は、その流儀に「柳生」の名を冠することを許されました。帰郷した竹永は、仙台藩士たちに柳生心眼流を伝授し、長い年月をかけて仙台藩のみならず、全国各地にも広まりました。

実戦形の柔の披露（上）
剣豪、いざ（下）

大迫力の甲冑兵法

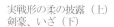

12 「伊達政宗公生誕四五〇年記念」フレーム切手の企画・発行　披露式

二〇一七年（平成二十九）八月四日、伊達政宗公生誕四五〇年記念」オリジナルフレーム切手（82円切手10枚セット、販売価格千三百円）が、日本郵便より発売されました。

このオリジナル切手は、「政宗ワールド」プロジェクトと日本郵便がタイアップして作成したもので、丈上段の間」「陸奥国分寺薬師堂の外観」「伊達政宗甲冑レプリカの模写」「復元船サン・ファン・バウティスタ号の外観」「瑞鳳殿の外観」の写真が採用されました。

発売前から大変な話題だったようで、発売当日は、わずか半日で売り切れたということでした（仙台中央郵便局）。

記念切手発行完成披露式。古田理事長（中央）と伊達武将隊

13 駅弁「政宗公御膳」の企画・発売（河北新報　平成29年6月9日）

歴史薫る政宗弁当 仙台駅の構内販売

　ＪＲ東日本グループの日本レストランエンタプライズ仙台支店は9日、仙台藩祖伊達政宗の生誕450年を記念した駅弁「政宗公御膳」（税込み1200円）をＪＲ仙台駅構内の7店舗で発売する。

　政宗に関わる歴史を広めようと昨年設立された団体「政宗ワールド」プロジェクト（仙台市）が監修し、約半年かけて完成。「鮭の仙台味噌《みそ》漬焼」や福島名物「いか人参《にんじん》」など政宗ゆかりの地の料理10種類と宮城県産米のはらこ飯を、伊達家の家紋「九《く》曜《よう》紋」の形に盛り付けた。

　日本レストランエンタプライズ仙台調理センター営業部の高橋真悦さん(53)は「お品書きで政宗にまつわる歴史を紹介しており、料理と一緒に楽しんでもらえる」とＰＲした。

　東京駅構内の駅弁販売店でも近日発売する。

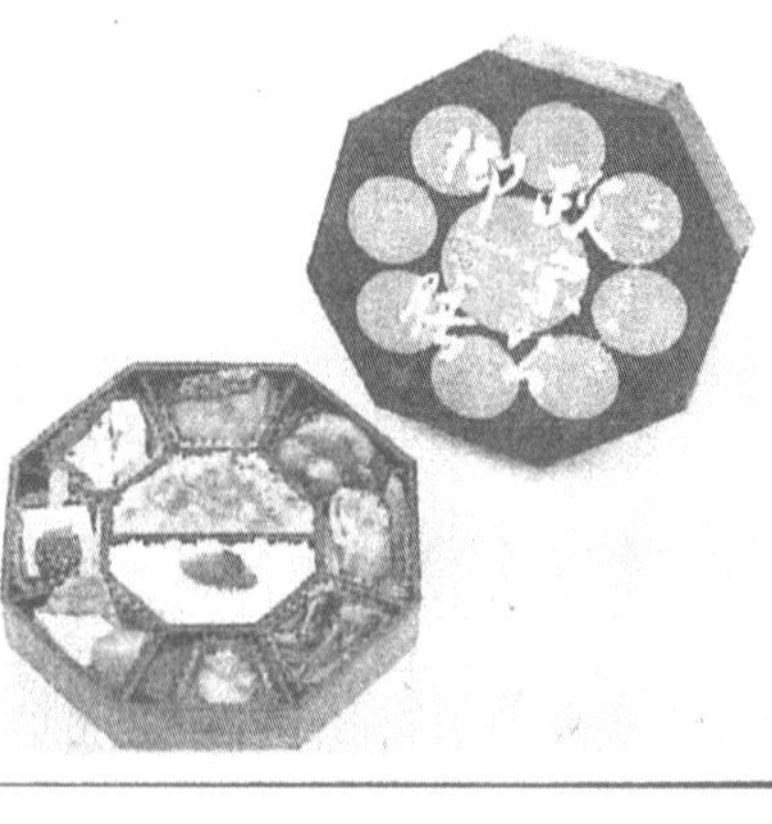

伊達政宗生誕450年を記念して作られた駅弁「政宗公御膳」

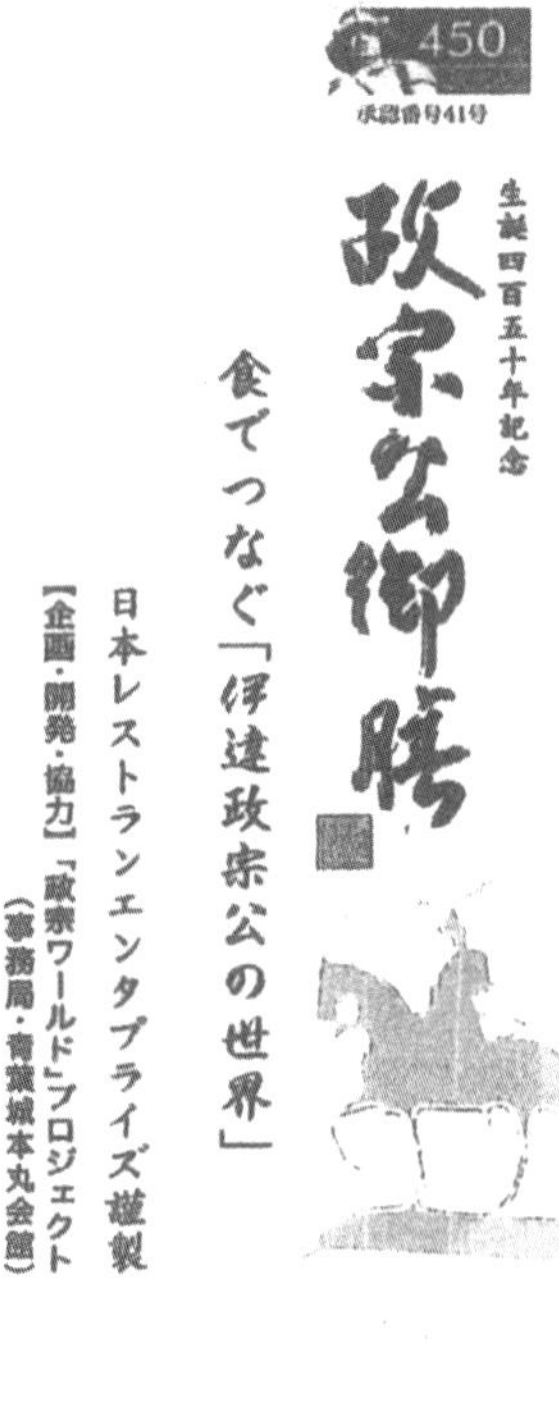

14 宮城県「政宗公生誕四五〇年プロモーション」仙台市「政宗公生誕四五〇年祭「仙台青葉まつり」開催

伊達政宗公生誕450年記念プロモーション
～政宗公が残した恵みに思いをはせて～

趣旨

平成29年が伊達政宗公生誕450年の記念の年に当たることから、政宗公の戦国大名としての生き様はもちろん、現代につながるインフラ整備等、数々の業績を改めて照らし出し、宮城の素晴らしい歴史の再発見につなげるとともに、宮城の魅力を広く全国に発信していき、官民一体となって盛り上げを図っていきます。

県の取組

ロゴマークを作成しました！

どなたでも使えるロゴマークです。名刺やパンフレットなど、様々な場面で使っていただき、一体感を持った盛り上げを図っていきたいと考えています。使えるロゴマークは2種類、用途に応じてご利用ください。

むすび丸バージョン　　政宗公バージョン

伊達政宗公生誕450年

450th

伊達政宗公生誕450年

…をご覧ください。

…PRしていきます。…や市

…村、民間の関連する取組を

…すので、是非ご覧ください。

宮城県

市政トピックス

伊達政宗公生誕450年祭「仙台・青葉まつり」開催

5月20日・21日の2日間、33回目となる「仙台・青葉まつり」が伊達政宗公生誕450年祭として開催され、延べ約97万人の人々が初夏の祭りを満喫しました。

初日の「宵まつり」では、市内各所ですずめ踊りの競演が繰り広げられ、過去最多となる147祭連、約4500人の踊り手が息の合った演舞を披露。また、せんだいメディアテークで行われたトークセッションでは、奥山市長と宇和島伊達家13代当主・伊達宗信氏、政宗公ゆかりの都市（宇和島市・白老町・米沢市・大崎市）の首長が、政宗公の生涯や人物像などについて振り返り、集まった多くの人々が熱心に耳を傾けました。

▲トークセッションでは、さまざまな観点から政宗公に関するエピソードを披露

2日目の「本まつり」の見どころは「時代絵巻巡行」。豪華絢爛《けんらん》な11基の山鉾《やまぼこ》が先陣を切り、続いた武者行列には、伊達家18代当主・伊達泰宗氏と宇和島の伊達宗信氏が参列。青葉神社の神輿《みこし》渡御、すずめ踊りの大流しが続くと、その迫力に沿道から大きな拍手と歓声が上がりました。巡行の最後には、政宗公生誕450年を祝う式典「祝いの儀」が開催され、時代絵巻参加者全員と観客が「伊達の一本締め」で高らかに節目の年を祝いました。

また、勾当台公園では、旧仙台藩の市町村などの食べ物や物産を集めた「杜の市」や、藩政時代の祭りを再現した「伊達縁」などが両日開催され、大変なにぎわいを見せていました。

市政トピックス

市営バスが75周年、地下鉄が30周年を迎えます

市営バスは昭和17年8月21日、地下鉄南北線は昭和62年7月15日に開業。以来、地域に密着した「市民の足」として親しまれてきました。今年は、市営バスが開業から75周年、地下鉄が30周年を迎えます。これを記念するとともに、

▲クレーンで搬入される地下鉄南北線の車両（昭和62年撮影）

仙台市政だより　29.7.1

15　「文武に通じた政宗思う」（河北新報　平成29年10月14日）

迫力ある演武を披露した花山鉄砲組

文武に通じた政宗思う

仙台でフェスタ　火縄銃や茶の湯 共演

合戦をほうふつとさせる火縄銃と弓術の演武、仙台藩祖伊達政宗が好んだとされる茶の湯―。政宗の生誕450年を記念して「『政宗ワールド』フェスタ」が仙台市で行われ、訪れた人は文武に通じた藩祖に思いをはせた。

記念行事は9月30日、青葉区の仙台城本丸跡であった。火縄銃演武には、仙台藩ゆかりの花山鉄砲組（栗原市）と片倉鉄砲隊（白石市）に加え、政宗の生誕地の米沢市から米沢藩古式砲術保存会も参加。陣羽織や甲冑《かっちゅう》姿の隊員が隊列や体勢を変え、ごう音を上げて射撃するたびに見物客から歓声が上がった。

会場では仙台藩お抱えの茶道「石州流清水派」が茶席を設け、市の観光PR集団「伊達武将隊」のステージや、子どもが参加するチャンバラ合戦も開かれた。

太白区の無職菊地光悦さん(70)は「火縄銃の演武は迫力があった。政宗生誕450年を機に、仙台城の大手門の復元など観光のシンボルをつくる議論が進めばいい」と期待を込めた。

伊達文化を生かした観光振興と歴史遺産の保存や再生を目指す市民団体「『政宗ワールド』プロジェクト」（理事長・古田義弘元東北福祉大教授）が主催した。

仙台城の大手門復元を——市民団体、市に要望

署名１万7600人分提出

藩制時代の文化を生かした観光振興と歴史遺産の再生を目指す仙台市の市民団体「『政宗ワールド』プロジェクト」の古田義弘理事長（元東北福祉大教授）らが29日、市役所を訪れ、仙台城の大手門復元を求める約1万7600人分の署名簿を郡和子市長に提出した。

古田理事長が「大手門は市のシンボルだった歴史遺産。復元整備をお願いしたい」とあいさつ。郡市長は「『はい分かりました』とはいかないが、どういう物が望ましいか、市民と一緒に考えたい」と応じた。

大手門は1931年に国宝に指定されたが、45年の仙台空襲で焼失。跡地は戦後、市道交差点になった。

市は2005年策定の仙台城跡整備基本計画の中期目標に大手門の復元を打ち出し、6～15年後に着手する予定だった。

市は30日、仙台城の保存活用をテーマにした検討委員会の初会合を開く。

大手門復元を要望したプロジェクトのメンバー（左）

17「政宗ワールド」プロジェクト　顧問団

◎名誉顧問
. 仙台伊達家十八代当主　伊達泰宗様
◎顧問
・佐藤巧先生　東北大学名誉教授（工学部 建築史）日本建築学会名誉会員、元宮城県・山形県・岩手県・仙台市文化財保護審議委員（2018年3月逝去）
・佐藤昭典先生　郷土史家、仙台・水の文化史研究会前会長（2017年7月逝去）
・濱田直嗣先生　文化史家、宮城県慶長使節船ミュージアム館長、仙台市博物館元館長
・平川新先生　宮城学院女子大学学長、東北大学名誉教授、仙台市仙台城跡調査指導委員会副委員長　文化庁文化審議会専門委員
・大滝精一先生　東北大学大学院経済学研究科教授（経営政策、NPOのマネジメント）
・小山祐司先生 東北工業大学ライフデザイン学部安全安心生活デザイン学科教授（日本建築史）
・永井康雄先生　山形大学地域教育文化学科教授（建築史・意匠）

18「政宗ワールド」フェスタ　実行委員会（順不同・敬称略）

◎理事長
・古田義弘（住宅問題評論家、元東北福祉大学教授）
◎副理事長
・佐藤久一郎（みちのく伊達政宗歴史館館長、仙台藩志会副会長）
◎理事
・新関昌利（「四ツ谷の水を街並みに！」市民の会会長）
・一力徳子（「四ツ谷の水を街並みに！」市民の会副会長、よろず園茶舗）
・阿部和子（伊達家御廟大年寺会会長）
・坂和夫（伊達家御廟大年寺会総務部長）
・遠藤勝目（NPO法人シニアのための市民ネットワーク「グループよっこより」代表）
・郡司克一（仙台ボランティア英語通訳ガイドグループＧＯＺＡＩＮ代表）
・中村龍造（〈一社〉宮城県建築士会元会長）
・田中裕人（株式会社菓匠三全代表取締役社長）
・相沢光哉（宮城県議会議員）
・鈴木繁雄（学校法人聖和学園理事長、元仙台市議会議員）
・山下晴輝（年金の窓口株式会社代表取締役）
・氏家清一（〈公社〉日本建築家協会、株式会社氏家建築設計事務所代表取締役）
・早坂俊夫（東北共済商事㈱代表取締役）
・佐藤彰男（㈱東日本リサーチセンター代表取締役、貞山運河研究所副理事長、宮城大学客員教授）
・安井妙子（安井妙子あとりえ主宰）
・加納実（鹿島建設㈱専任役、宮城大学客員教授）
・二郷精（atelier NIGO主宰）
・早坂謙一郎（東北共済商事株式会社）
◎理事・事務局長
・田中於菟彦（青葉城本丸会館館長）
◎事務局
・大沢慶尋（歴史博物館青葉城資料展示館主任学芸員）
・大西遼（歴史博物館青葉城資料展示館学芸員）

19「政宗ワールド」プロジェクト　50年後の風景を夢みて

■目的

平成29年の「伊達政宗公生誕450年」の記念すべき年を迎えるを機に、政宗公が花開かせた「伊達な文化」と仙台藩の「歴史的足跡」を継承する各地域を、「観光と郷土史」という視点で相互に連携させ、それに関わるグループのネットワークを構築します。また、政宗公に関わる世界「政宗ワールド」とも呼ぶべき歴史的文化遺産を次の世代に伝承すべく、その保存と復元、再生、伝承のために相互研修と研鑽を図り、政宗公生誕500年の「50年後の風景を夢みて」各地、各様の歴史を継承するまちづくり「伊達な文化圏」の新生と、「観光産業」の新たな展開をスタートさせることを目的とする市民団体です。

■ネットワーク団体

○観光ボランティアガイド「ぐるーぷ・よっこより」（仙台市）○仙台ボランティア英語ガイド GOZAIN（同）○「四ツ谷の水を街並みに！」市民の会（同）○白石城ボランティア観光ガイド（白石市）○青葉旗巻古戦場公園保勝会（丸森町）○石巻観光ボランティア協会（石巻市）○仙台市歴史と文化財ガイドボランティア友の会（仙台市）○「ふるさと」の歴史を学ぶ会（同）○サン・ファン友の会（石巻市）○伊達家のふるさと　たかはた伊達の会（山形県高畠町）○みずさわ観光サポーターの会（岩手県奥州市）○まつやま訪ね歩きの会（大崎市）○彫刻のあるまちづくり応援隊（仙台市）○大籠キリシタン資料館（岩手県一関市）○ゆかりの茶室にひかりを当てるっちゃ GO　山元「いいっ茶組」（山元町）○泉区歴史民俗ガイドボランティア「七北田探検団」（仙台市）○仙台市立仙台商業高校商業情報部（同）○柳生心眼流甲冑兵法　仙台柳心会（同）○仙台城再建プロジェクト（同）

■これまでの主な活動

年月日	事　　　業	主　　催
平成28/6/21	「政宗ワールド」プロジェクト　発足記者会見	当会
同 7/20	シンポジウム「伊達の文化と町づくり」	当会
同 9/28	「政宗ワールド」プロジェクト　設立総会・記念式典	当会
同 10/14	「仙台城」散策、勉強会（共催）	(公社)日本建築家協会東北支部宮城地域会
同 11/4	市民公開フォーラム「政宗公の歴史遺産をどう活かすか？」（協力）	仙台青葉ロータリークラブ
同 12/8	アーキテクツウィーク企画「仙台城ワークショップ」–仙台城をもっと知る–（共催）	(公社)日本建築家協会東北支部宮城地域会
同 29/2/18	講演会「お城でござる！」（講師：東北工業大学教授・小山祐司先生）	当会
同 3/18	シンポジウム「水でつなぐ政宗ワールド」	当会
同 7/15	シンポジウム「–仙台城をもっと知る–　part2 お城でござる」	当会
同 9/30	伊達政宗公生誕450年記念祝賀「政宗ワールド」フェスタ	当会
同 11/29 同 12/1	4月に開始した大手門復元署名約17,600名分を郡市長（11月29日）河端副知事（12月1日）へ出向・提出	当会
同 30/1/21	第一回会員総会	当会
同 2/19	講演会「東北圏域の自立的・継続的な成長への取組は」講師：元金沢市長ほか（後援）	東北PPP推進連絡協議会
同　春	シンポジウム「国指定史跡における保存と活用・復元整備」（仮題）	当会

20 ＮＨＫラジオ第一で生放送

【番組名】宮城１００%井戸端ラジオ　ゴジだっちゃ！
※ミニコーナー「伊っ達４５０」（だってよんごーまる）
【放送期間】２０１７年4月～２０１８年3月
【時間】17時21分ころから約3分
●ディレクター　伊藤恵理、水上綾子
●杉尾宗紀アナウンサー、竹内ゆみキャスター
【趣旨】「伊達政宗公生誕四五〇年」である今年、伊達政宗公や伊達家に関する見識を広げたい。それとともに、県内含め全国各地のリスナーの方々が、改めて宮城や伊達政宗公に興味を持ち、実際にゆかりの地を訪れるきっかけにもつなげたい。

…………………………………………

■懸造《かけづくり》　田中　於菟彦《おとひこ》

仙台城本丸の東側の崖には、城下を見下ろすように懸造という建物が建てられていました。京都の清水寺の舞台のような崖にせり出すようにして建てられた建物です。

伊達政宗公は慶長14年（１６０９）、この懸造の座敷に出て、城下各所に配置した総鉄砲組に「つるべ打ち」（一斉射撃）を行わせ、ここからご覧になったという記録があります。

また、政宗公は慶長18年（１６１３）、懸造の座敷にて、ご相伴の者たちを招いて、石巻の湊より届いた初鮭の料理をふるまいました。この時、かのサン・ファン・バウティスタ号が、牡鹿半島の月の浦で造られていました。政宗公と家臣たちは石巻でとれた初鮭を食しながらその方角を遠望し、遣欧使節のことを語り合ったことでしょう。

５月５日の端午の節句の日には、佳例として仙台城下では軒ごとに幟(のぼり)を立てました。この日在国の藩主は、昼食後懸造に臨み、幟見（のぼりみ）をする儀式がありました。

また、眼下の追廻馬場で行なう馬術訓練を、懸造より藩主が見下ろし検分していたといいます。

懸造は、政宗公の米沢城にもあったことがわかっており、「伊達家＝懸造」といえる伊達家を象徴する伝統的建物で、仙台城の懸造は破損などしてもその都度修復・再建され明治維新を迎えました。伊達家にとって特別な意味をもつ建物でした。

城下からよく見えるこの建物は、「城のシンボル」としての意味合いが濃厚で、天守を持たない仙台城の「天守代用」の役割を担っていたと考えられます。このタイプの懸造は、全国の城郭においてほぼ唯一のものとして特筆に値します。

■仙台城下の屋敷割　古田義弘

仙台城下の屋敷割について見ますと、城下町創設当時は、藩士等の住む侍屋敷と各種職人の住む職人屋敷、そして町人の住む町人屋敷とは歴然と区別されていました。しかも住民同士の相互生活と城下町の防衛が考慮されていました。城下町仙台も身分制度に基づいて厳格に居住地が決められていました。

藩政時代の侍屋敷は階級（石高《こくだか》）によって、与えられる屋

敷の場所や敷地面積（坪数）が定められていました。つまり、屋敷の表《おもて》（間口《まぐち》）と裏《うら》（奥行）の間数《けんすう》で広さが決まっていました。

例えば三百石の中身侍級では間口二十一間（約三十八メートル）、奥行三十間（約五十四メートル）、屋敷面積六百三十坪。百石以下の下級侍級は面積三百坪。足軽百七十五坪。職人百五十坪。町人屋敷は職人と同じ間口六間・奥行二十五間。因みに上級家臣級になると、城に近い川内や片平丁界隈では屋敷面積二千坪～五千坪くらいにもなっていました。

旗本足軽は二の丸や西川内、国見街道の半子町《はんこまち》に配置されました。普段の足軽は外部に通じる街道の端か、市街地の外側に置かれました。つまり、七北田街道に通ずる堤町や今の仙台駅東口の鉄砲町、作並街道の八幡町東、さらに江戸街道では南鍛冶町から南材木町西側に置かれました。

さて、仙台は別称「杜の都」とも言われますが、その原型は侍屋敷の広さと藩の積極的な植樹奨励策などがあったと思います。住宅は敷地の一割弱で九割以上は空き地、そこに梅・栗・柿・桃等の果樹、建材となる杉・松等の樹木、隣地との間には生垣という具合に杜の都の原風景を見ることが出来ます。

■伊達政宗公が愛した伝統芸能 ～能楽・茶道～

阿部和子

仙台は能楽において全国有数のメッカと言われていました。能楽と茶道は武士としての教養、たしなみであり、武道に並ぶものでした。

政宗公は二十歳から能楽を始め、秀吉公が能ブームを巻き起こす以前からの能楽好きでした。仙台藩の能にかける費用は年三万石、現在の価値で十一億円あまりにのぼっていたといいます。政宗公は能の見方を「第一我身の祈祷なれば身を清め行儀良くし高声もせぬ様に。」と説き、能に対し敬虔な接し方をしていました。

仙台城築城の際は縄張り始めの寿《ことほ》ぎ能を五番立てで催しました。藩祖政宗公の威徳を称揚せしめる仙台藩の曲「摺上」は藩主以下、裃（かみしも）を着用し座布団を敷かずに威儀を正して見物したそうです。

政宗公が茶道を学ぶきっかけとも言われている出来事があります。政宗公が伊達家伝来の茶碗で茶を飲んでいて、手がすべり茶碗を落としそうになりはっと驚き、自分の信条である不驚が破れたと、その茶碗を庭に投げて割ったのです。それから茶道を学んだと言われています。まさしく政宗公の御気性といえましょうか。その茶碗とは高麗天目茶碗であったと言われています。

政宗公は利休七哲の一人古田織部の高弟、一世清水道閑を京都から招聘し茶道の芸術性を高め確立していきました。歴代藩主も茶道の精神性を大切に継承していきましたが、中でも公の曽孫にあたる四代藩主綱村公は数百回の茶会を催しました。昨年(２０１７年)は政宗公生誕四五〇年、今年は綱村公三〇〇年遠忌です。政宗公の経済・文化を継承し今日の郷土に残る綱村公の成し得た遺産が大きく評価されています。

■政宗による慶長使節の派遣は逆転の発想から

平川 新《あらた》・宮城学院女子大学学長

1613年伊達政宗は、家臣の支倉常長をスペイン国王とローマ教皇のもとに送り出しました。

目的は仙台・メキシコ間の国際貿易を開くことでした。当時のメキシコはスペインの植民地で、スペイン国王の許可が必要でした。ローマ教皇への謁見は、伊達領へのキリスト教宣教師の派遣要請のためでした。政宗の考えは、キリスト教布教を認めるので、貿易を許可してほしいということです。

当時の外国との貿易は自由で、中でも南蛮貿易が盛んでした。南蛮というのは南からやってきたポルトガル人やスペイン人のことを指しました。

この南蛮貿易は九州や堺など西日本の商人や大名などを中心に行われていました。徳川家康や伊達政宗は江戸湾や仙台領にも貿易船が来てほしいと要請しますが、中々順調にいきません。航海の距離が長くなると難破の危険性が増すことになりますし、何よりも江戸はできたばかりで人口も少なく、市場性が低かったのです。仙台も同じことです。

つまり家康と政宗は南蛮貿易に十分に参入できなかったのです。そこで政宗は考えました。東南アジアには遠いかもしれないが、海の向こうのメキシコなら仙台は日本の中で一番近い、これに一番乗りしよう。そこで家康と相談し、支倉常長をヨーロッパへ派遣したのでした。支倉一行が乗るサン・ファン・ヴァウティスタ号を造るとき、幕府の造船技術者も来て手伝っており、同船には幕府の役人も同乗していましたので、この使節団は政宗と幕府との共同使節団だったといえます。

このようにメキシコ貿易は、南蛮貿易での不利な地の利を有利な地の利に変えようという、まさに政宗の「逆転の発想」だったのでした。

■「大手門復元署名活動」について　山下晴輝・「大手門」復元署名活動事務局長

政宗公生誕四五〇年の今年、「政宗ワールド」プロジェクトとして、4月4日から大手門の復元署名活動を行っております。目標は二万名　仙台市民の五十分の一を目指すものでございます。

この活動には、将来の仙台を担う世代にも参加して頂きたく、6月7日に東北高等学校の文理コース1~3年生約三百名に「伊達政宗公の歴史遺産　東北の観光を変えるのは君たちだ！」という演題で、講義をさせて頂きました。政宗公が数ある武将の中でも凄く人気がある事、それは政宗公が仙台藩を仙台の町を守ろうとした選択と行動が評価されたもので、仙台城等の遺構だけではなく、慶長遺欧使節や貞山堀、四ツ谷用水、食文化等、政宗公が残した誇るべき業績が、いっぱいある事をお伝え致しました。

高校生たちは「政宗公ゆかりの建物を再建して行きたい！この想いを行政に届けて、未来の仙台の町づくりをして行こう！」と立ち上がってくれました。

全校生徒を巻き込んだ、高校生による高校生への署名活動は、ＮＨＫのニュースにも取り上げられ、この活動がもっともっと大きなものなっていく風景が見えた瞬間でありました。

そして7月14日、ついに一万名を突破致しました！　署名の増え方からも、市民が大手門の復元を願っている事を実感しました。

これまでの大先輩たちが大手門復元に向けて活動して来て下さった思いを受けて、私たちは未来を担う子供たちと一緒にこの活動を更に絆を強くして、大きくして行きたいと思っております。

■歴史遺産「貞山運河」を現代に活かし後世に継ぐ　佐藤彰男

『貞山運河』は旧北上川河口から阿武隈川河口を結ぶ、総延長約四九・〇㎞の日本最長の運河であり、貞山堀とも呼ばれています。伊達政宗公が仙台城や城下町を建設する際、必要とする大量の木材を阿武隈川流域の丸森・角田方面から切り出し運ぶために開削した「木曳堀」にはじまり、その後、江戸時代に「御舟入堀」、「新堀」が完成。さらに、明治政府により、三大築港計画の一つである野蒜港の付帯設備として「北上運河」、「東名運河」が開削されました。慶長2年（１５９７）から明治17年（１８８４）まで約三百年かけて、北上川から阿武隈川までの「水の道」が完成したのです。その際、政宗公の遺徳を偲び、宮城県の土木課長であった早川智寛が、伊達政宗の法号「瑞巌寺殿貞山禅利大居士」から貞山堀（運河）と命名したのです。東日本大震災で貞山運河のほとんどが津波に襲われましたが、運河自体はその姿を残し現在も復旧工事が続けられています。

さて、地方都市では、観光による交流人口の増加を目指した様々な活動が展開されております。そこで、地元歴史遺産である『貞山運河』を観光振興に活かそうと有志が集まり、平成26年7月2日に「貞山運河研究所」を設立しました。同研究所では民間の立場から、『貞山運河』を活用し、観光産業を興し、それを地域振興に繋げる取組みを行っております。平成28年文化庁が認定する「日本遺産」に、宮城県からは「政宗が育んだ”伊達”な文化」が選ばれました。地域の歴史遺産である『貞山運河』も、今後は、将来的な世界遺産認定も視野に入れた、さらなる活動が望まれます。

■仙台を潤した『四ツ谷堰』用水　新関昌利

仙台の町は１６０２年、政宗公により広瀬川の河岸段丘の扇状地状の原野に、城と共に造られた町です。町が出来た時の人口は約5万人でした。

今、大きな町を新しく作るときに一番必要なものは住宅、道路、電気、ガス、水道の設備ですね。政宗公の時代の燃料と照明は、薪や灯油です。飲み水は、広瀬川のおかげで、豊富な地下水が利用できました。そして、もう一つ町造りにあたって大切なものは何でしょう。それは下水です。5万人が生活すれば、排水の量は大変なものになります。

そこで政宗公は家来の川村孫兵衛に命じて、生活用水と排水を兼ねた用水堀を造らせました。これを四ツ谷堰といい、今は四ツ谷用水と呼ばれます。川村孫兵衛は親子二代でこの用水の拡張と完成に力を尽くしたのです。

四ツ谷用水は、仙台の3キロほど西、郷六という所で、広瀬川から取水しました。昔この辺りは「四ツ谷」と呼ばれていましたので用水の名になりました。その辺りには現在でも「四ツ谷堀敷」という地名が残っています。郷六から用水路を掘って、八幡町まで流し、そこからいくつかに分水して仙台の町中を流しました。

さて、江戸時代を通して仙台の町中を流れ、人々の命と生活を守ってきた四ツ谷用水は、明治時代になり町の近代化にともなって、次々と埋められ、新しい上水道や下水道へと取って代わられ、現在は流れている用水の姿を見ることは出来ません。一部残っていた用水も地下化され、昭和35年仙台新港と共にできた工業団地の工場用水として生まれ変わりました。これは四ツ谷用水の第二の誕生といえましょう。

■四ツ谷の水を街並みに！　一力徳子

私は生まれも育ちも仙台で、18歳で離仙し30年余りをほぼ東京で過ごしましたが、当時は、仙台の歴史を広めるとかは考えることなく、すべてを外の世界から吸収することに夢中でした。

かつて仙台を潤していた四ツ谷用水のことを認識したのは、平成6年頃、佐藤昭典先生に巡り会ったときでした。先生は「四ツ谷用水」を研究されており、こんな大事な水を風化させてはいけない、と仙台に戻った私に語ったのです。その時、仙台の歴史を勉強し、市民に周知していくべきではないか、という郷土愛が芽生え、平成12年に市民の会を結成し、17年が経ちました。一昨年、NHKの人気番組で、四ツ谷用水の認知度が爆発的に上がり、政宗公の業績を後世に伝えたい、というみんなの思いがますます膨らんだと思います。

今、四ツ谷用水をおもてに現わして、人びとに見せ当時のように利活用できないものか、という機運が高まっています。特に東日本大震災では、水に困った人々の話も数多く聞きました。今こそ四ツ谷用水を防災・危機管理用水として、再利用すべきではないのか?との思いです。庶民生活の中心にあった用水を、見える形で利活用すべきだろうと思うのです。私たちは、亡くなった佐藤先生の想いを粛々と引き継いで行くつもりです。

昔から住んでいるひとは意識しないでも、外部からの移入者は増えているようです。なぜでしょうか?　仙台がいい土地だからです、政宗公が選んでくれたのです。「政宗公の歴史を見たい、感じたい!」と言って押し寄せる観光客に対して、私たちは、あっそう?と、何のおもてなしもせず、アイソなし・手ぶらで帰していいのでしょうか?

■仙台ボランティア英語ガイドGOZAIN　郡司克一

GOZAINは、仙台を拠点に外国の方々のために英語で通訳・ガイドを行うボランティア団体です。自然と文化が調和する仙台・松島を中心に観光地ガイド、七夕祭り等イベント案内を行っています。

私たちのガイドは、普通るーぷる仙台を使っての伊達三名所、いわゆる、瑞鳳殿、仙台城跡、大崎八幡宮、そして松島では五大堂、瑞巌寺等が中心になっております。いずれも、藩祖伊達政宗公が手がけ、仙台の基礎を築いたところです。そして、政宗公が築いた歴史遺産に加え、支倉常長の遣欧使節、藩内の治水、城下の植樹・用水などで、先進的な事業を行ったことも紹介しております。

ガイドの中では、外国人から思いも寄らぬ質問もあり、例えば「なぜお地蔵さんは赤い前掛けをしているの？」とか、「おみくじを木に結びつける意味は？」といった日本の文化・風習に関わるものがあります。お地蔵さんは子供の守り神、だから子供の格好をしている、また旅人を病気や災難から守るという信仰もあると答え、ゲストの旅行の無事を一緒に手を合わせ、祈ることもあります。

また、ある米国人女性が仙台城址、広瀬川に架かる大橋を歩きたいということで案内すると、両親が米軍キャンプにいて、70年前自分はベビーカーに乗せられてここを行き来した思い出の場所とのことでした。このように、ガイドの内容は歴史・文化・風習・生活にも及び、広範囲にわたります。

次にＧＯＺＡＩＮの活動の中で、東日本大震災の被災地の案内とその後の復興の様子も紹介しています。外国の方々にとって仙台は、あの地震・津波の被災地の真ん中にある街ということです。私たちは、あの時の体験をそのままお伝えしています。

■伊達政宗の霊廟瑞鳳殿　遠藤勝目

１６３６年４月20日、伊達政宗は病をおして参勤のために江戸に向かいます。その２日前、母の菩提寺保春院にお参りしたのち、ホトトギスの初音を聞こうと北山・経ヶ峰・茂ケ崎山など城下の山々を巡ります。声を聞く事は出来ませんでしたが、経ヶ峯で、「死後はこの辺に葬られたいものだ」と杖を立てた場所に、瑞鳳殿が建てられました。

翌月の５月24日、江戸の上屋敷で亡くなりました。死因は、食道噴門癌による癌性腹膜炎で、享年70歳でした。

政宗をまつる瑞鳳殿は、亡くなった翌年の秋、二代藩主忠宗によって建てられました。１９３１年には国宝に指定されましたが、１９４５年７月10日の仙台空襲で全ての建物を焼失しました。

現在の建物は、宮城県や仙台市・県内外の市町村や企業・個人から寄付を集め、５年と８億円を費やして１９７９年に再建されたものです。

拝殿と唐門は簡単な造りに変えましたが、それ以外は元通りに再建されました。涅槃門は、樹齢数百年の青森ヒバに黒漆を施し、梁には金箔の上に唐草模様の透かし彫りが張り付けられています。

拝殿の扁額「瑞鳳殿」は、再建に当たって寄贈されたもので、焼失前の扁額の文字・材料と同じものが使われ、文字は真珠の粉末、地のピンクは赤サンゴの粉末で時価二百万円。焼失した扁額は、五代藩主吉村の寄進で、江戸時代中期の書家佐々木文山に三百両を支払って書かせたものでした。

このような巨額な財を投じた豪華な霊廟の建立は、幕末まで続く仙台藩の基礎を築いた政宗に対する敬愛の思いが如何に深いものであったかを表わしているのではないでしょうか。

■薬師如来に護られた政宗公　佐藤久一郎

仙台市若林区木ノ下にある国分寺薬師堂は政宗公が再建したもので、国の重要文化財です。

文禄2年（1593）2月に政宗公は太閤豊臣秀吉の朝鮮出兵の命を受け、前線基地である肥前名護屋から、朝鮮渡海を命じられました。3月15日出帆しましたが風が吹かないため引き返し、同20日に追い風が吹いてようやく出港できました。この間に、一人の僧が乗船してきました。供の者達が怪しんで尋ねた所、宮城郡の国分寺の僧であると名乗りました。学問修業のために唐に渡りたいと志していたが、この度政宗公が朝鮮に渡ると聞いたので、船が出るのを待っていたと言います。これを聞いた政宗公は、渡海の間、波・風の難がないように祈祷するよう命じました。お陰で4月13日に無事朝鮮の釜山の港に渡ることができました。

政宗公は朝鮮各地に転戦しましたが、9月秀吉は諸将に帰国を命じ、政宗公は9月11日釜山を出帆、帰路に着きました。するに、出帆の時またこの僧が乗船してきました。肥前名護屋へ着くと、この僧はいずれの方ともなく去っていました。

その後、政宗公は仙台に帰国した時、国分寺の関係寺院に問い合わせましたが、そのような僧はいないとわかりました。薬師如来が僧になり代って現れ、お護りくださったに違いないとなり、慶長10年（1605）、政宗公（39歳）は薬師堂の再造営を命じました［貞山公治家記録巻之二十二］。

慶長12年（1607）10月24日に薬師堂が再興され、入仏式がありました。薬師堂は、桃山文化の薫る、素木造り、単層入母屋・本瓦葺きの十五間四方で、堂内の内陣に安置された家形厨子には華麗な彫刻が施されています。

■外は剛、内に柔。仙台城は政宗公そのものだ！　大沢慶尋

伊達政宗公が築城した仙台城本丸。仙台大橋の城下町側のたもとから望むと、岩山の上に四ツの巨大な三階櫓と、堅牢な高石垣の剛健な姿が見えます。即ち、仙台城は「外は剛」の城です。

ところが、本丸内部に入ると様相は一変します。書院造など御殿建築の建物群が配置され、儀式儀礼の場、政務の場、平和的な日常の柔和な空間となります。即ち、仙台城は「内に柔」の城です。

ところで、江戸中期編纂の『仙台武鑑』に次のようなエピソードが載っています。

政宗公は5歳の頃、寺院で不動明王を見て、「仏は柔和なものなのになぜこの像は恐ろしい容貌をしているのか。」と問いました。僧の「外は剛、内に慈悲」と答えに、政宗公は納得しました。

この「外は剛、内に慈悲＝柔」という思想はその後も政宗公の一つの行動原理となって一生を貫いていきます。老年の

政宗公の言動を書き記した『木村宇右衛門覚書』には、ある時政宗公が話したこととして、次のように記されています。

国家を治める大将たるものは、国家を治めること、人を愛すること、例えて言えば不動明王の形相のごとくあるべきだ。外見はおおいなる怒りの形相をしているが、内心は慈悲の恵み深くあるべきだ。

仙台城は、政宗公の一生を貫いた「一国の大将としての行動原理」、即ち「外は剛、内に柔」を目に見える形で具現化したもので、仙台城には政宗公の思想・理想そのものが宿っているのです。要するに「仙台城＝伊達政宗公」そのものであり、仙台城の復元は、この城に込めた政宗公の心を今の世に蘇えらせ、受け継いでいくということなのです。

■仙台城、何故復元するの！　中村龍造

私は建築設計を生業として50年、仙台の建築物の創造に関わりましたが、建築士として長年の夢に仙台城復元が有ります。

青葉城展示資料館内に展示されている「青葉城全体復元模型」に40年前の若き時代に関わり、本丸御殿大広間・大手門と脇櫓・詰の門と東西脇櫓・仙台城の全体俯瞰が出来る模型を制作した経験が有り、仙台城が如何に自然の利を生かし作られた名城であったかを知るきっかけとなりました。

この時以来、仙台市にシンボル建築としての城郭建築が欲しい、伊達政宗公の残した建築物の復元は仙台の代名詞として誇れると思いました。

近年仙台城石垣群、本丸御殿大広間礎石・長沼・五色沼整備等が進んできましたが、来訪者が感ずる空間・景観としてはインパクト不足と感じます。

最近想う事、地下鉄東西線国際センター駅に降りた時、仙台城方向を見たら城壁石垣の上に艮櫓、大手門・隅櫓が眼に入り、東西線西公園駅を降りて外に出た時大手門や、公園センターの屋根と外観、艮櫓、懸造等の建築群が見れたら訪れる内・外の観光客・訪問者には記憶に残る観光地になるだろうと思った事でした。

仙台は「杜の都」「学びの都」「音楽の都」、更には「祭の都」、そして「食の街」と称され、仙台を知らしめる土台があります。仙台にこれから望まれる施設は、都市シンボルとしての大型歴史的建造物と大型のコンサートホールと言われます。

官・学・民挙げて、先人たちが築いた誇り高き仙台城の復元と「楽都」に相応しいコンサートホールの建設に多くの仙台市民の皆様と取り組みたいと願っています。

■まちなみ博物館構想　安井妙子

仙台市宮城野区原町本通りはＪＲ仙台駅の東北東に東西方向に延びる旧塩竈街道の一部です。昭和20年7月10日の仙台空襲では焼け残りましたので、多くの伝統建築が残っている地域です。

私は２００５年頃から原町本通りで二棟の伝統建築を修復する機会に恵まれました。そのさなか、東日本大震災によって、原町の伝統建築はかなりの建物が失われました。その中

にはさしたる被害ではないのに、解体費用が行政から補助されたこともあって、取り壊わされた建物も少なくありません。私は危機感をおぼえました。

その対策を模索していたところ、仙台市の策定した「ひとが輝く杜の都・仙台　総合計画二〇二〇」に出会いました。そこには、まち全体をミュージアムと見立て、地域資源を展示品として、市民や来訪者が共に学び、楽しむことのできる都市を構築する「ミュージアム都市」の構想が各項目に盛り込まれていることを知りました。そこで原町本通りの伝統建築をミュージアムの展示品とするため、建築に携わる者として行動を起こしました。

一つめは原町本通りに残るいくつかの伝統的建造物の調査をして図面を作成しました。二つ目は私の修復した古民家をお借りして、原町小学校児童へ授業をしたり、一日限りのカフェを開くなどのイベントを開催しました。これらを『仙台市原町本通りまちなみ博物館構想 - 伝統的建築を活かして -』と題して、二冊の報告書にまとめました。

昨年発足した我が「政宗ワールド」プロジェクトがこの活動趣旨に賛同し、歴史を感じるまちなみ作りに力を入れることになっているのは、これからの活動にとってたいへん喜ばしいことです。

■政宗公の偉業に思いを巡らし、未来を夢見る　加納実

今日は政宗公の偉業を振り返るとともに、東日本大震災の復興について考えたいと思います。

政宗公は1601年から仙台城の築城をはじめました。使用する木材は白石方面から阿武隈川を経由して新たな水路を作って運び、これを木曳堀と言いました。

対岸には武士、商人、職人の住む区画別に土地利用を定め、城下町を作りました。今でも歴史的丁名として名残があります。城下の用水としては広瀬川上流から取水し、河岸段丘を利用してまんべんなく水路を張り巡らす、四ツ谷用水を作りました。ちなみに四ツ谷用水は「仙台の水環境を支える貴重な土木遺産である」として、「2016年度選奨土木遺産」を受賞しています。

このようにして、まちづくりを進めていたわけですが、当時の慶長年間は大きな地震が数回発生し、地震と津波により領土や仙台城の櫓や石垣にも被害がありました。

政宗公は震災の復興のため、産業振興を加速させました。新田開発によるお米やみそ、塩の増産を行い、産物を河川や海を利用した舟運により、江戸に運び藩の財政を潤しました。

さて、東日本大震災から間もなく七年になります。政宗公当時とは社会インフラも経済も大きく異なりますが、政宗公の偉業に学ぶ時、これからの本格的復興には、彼の行動力、発想力、また、芸術、文化を大切にする心が必要です。広い意味での「政宗公が育んだ伊達な文化」を、本格的な復興、新しい東北につなげることが、あの震災の時に国内外から頂いた多くの支援に応えることではないでしょうか。

第二章　「伊達な文化」・記憶

1　伊達政宗公の基礎知識

《プロフィール》

・**生い立ち**　1567年（永禄《えいろく》10）梵天丸《ぼんてんまる》（藤次郎政宗）米沢（山形県米沢市）に
　生まれる。瑞巌寺殿貞山禅利居士（法名）

・**両親**　父：伊達輝宗《てるむね》（1540～1585）、母：最上義姫《もがみよしひめ》（1548～1623）

・**兄弟**　弟1人（小次郎）＋α　妹2人（早世）

・**配偶者**　正室：田村愛姫《めごひめ》、側室：多数

・**子供**　男子10人（＋α）、女子4人（＋α）

・**身体面特徴**　身長159センチ、血液型B型

・**健康面の特徴**　幼少時に右目を失明（疱瘡《ほうそう》が原因とされる）＝「独眼竜」の由来。
　23歳の時に落馬し左足を骨折

・**趣味**　鉄砲、鷹狩、川狩、茶道、香道、和歌、連歌、狂歌、漢詩、古典文学、料理、
　手紙等々

・**性格**　気配りが細かく状況判断に優れる一方、やや気分屋でワンマンの側面が強い

（伊達政宗研究家　前仙台市博物館主幹学芸普及室長　菅野正道氏　資料参考）

2　伊達政宗公の動向知識

《伊達家の動向に関する略年表》

1567年（永禄《えいろく》10）
・伊達梵天丸（藤次郎政宗）米沢に生まれる

1587年（天正《てんしょう》15）
・米沢城内数寄屋《すきや》落成。片倉邸で茶会、能・謡《うたい》・獅子踊《ししおどり》等挙行

1589年（同17）
・政宗が磐梯山麓《ばんだいさんろく》に葦名《あしな》勢を破り、会津に進出

1590年（同18）
・政宗が小田原の豊臣秀吉のもとへ参陣。秀吉の奥州仕置

1591年（同19）
・政宗上洛《じょうらく》。葛西《かさい》・大崎の大一揆。伊達衆が米沢から仙台領へ移転を始める

1592年（文禄《ぶんろく》元）
・正月、政宗が岩出山《いわでやま》から肥前名護屋《ひぜんなごや》へ出兵

1593年（同2）
・文禄の役《えき》参戦のために朝鮮半島へ渡る

1594年（同3）
・政宗、吉野の花見に随行。秀吉、伏見城を造営

1600年（慶長《けいちょう》5）
・6月、関ヶ原戦い。12月、仙台城本丸縄張《なわば》り始め仙台開府

1601 年（同 6）
- 仙台に城と城下町を造り始め。岩出山から仙台へ移動を開始する。この頃から旧伊達五山をはじめとする領内主要寺社を順次に造営

1604 年（同 9）
- 松島五大堂を再建する

1607 年（同 12）
- 仙台大崎八幡宮を創建。陸奥国分寺薬師堂《むつこくぶんじやくしどう》、塩竈神社を再建

1609 年（同 14）
- 松島瑞巌寺《ずいがんじ》を建立する。

1610 年（同 15）
- 仙台城本丸大広間が完成する

1611 年（同 16）
- 慶長奥州大地震が起こる（マグニチュード 8・6〜8・8）高さ 10 ㍍から 20 ㍍の大津波が沿岸に押し寄せる

1613 年（同 18）
- 支倉常長らの慶長遣欧使節団《けいちょうけんおうしせつだん》が西洋式帆船「サン・ファン・バウティスタ号」で仙台領の牡鹿半島（牡鹿郡月ノ浦）を出航する

1615 年（元和《げんな》元）
- 大坂夏の陣

1636 年（寛永《かんえい》13）
- 伊達政宗が 70 歳の生涯を終える。翌年、瑞鳳殿落成

（宮城県慶長遣欧使節船ミュージアム・サン・ファン館館長　濱田直嗣氏資料参照）

仙台市博物館

仙台城三の丸跡にある。平成 13 年に国宝に指定された慶長遣欧使節関係資料や重要文化財の伊達政宗公所用具足 陣羽織、豊臣秀吉所用具足などの他、仙台伊達家からの寄贈資料をはじめ、江戸時代を中心とした仙台藩に関わる歴史・文化・美術工芸資料など約 9 万点を所蔵する。常設展示は季節ごとに展示替えを行ない、随時約 1 千点を展示している。

◎**所在地**　980-0862　仙台市青葉区川内 26 番地　電話 022（225）3074
◎**休館**　月曜日（祝日・振替休日の場合は開館）祝日・振替休日の翌日（土・日曜日、祝日の場合は開館）12 月 28 日〜1 月 4 日
◎**常設展示観覧料**　一般・大学生 460 円（団体 360 円）高校生 230 円（同 180 円）小中学生 110 円（同 90 円）※特別展示の場合は別途。
◎**アクセス**　仙台市地下鉄東西線「国際センター駅」下車、徒歩 8 分。周遊観光バス「るーぷる仙台」の場合は「博物館・国際センター前」下車、徒歩 3 分。

３仙台城の築城

居城の決定—。伊達政宗は、一六〇〇年（慶長《けいちょう》五）十二月二十四日、居城として仙台城の縄張《なわば》りを行なった。慶長五年は関ヶ原合戦が行なわれ、奥州では「奥州の関ヶ原合戦」とも言うべき対上杉氏《うえすぎし》包囲戦《ほういせん》が展開した年である。

　政宗は仙台の築城を天下分け目の中で決意したということになる。政宗が居城を岩出山《いわでやま》から仙台に移し、新しい居城を築くに当たって、天下の覇権《はけん》を握りつつあった徳川家康に了解を求めたのは至極当然のことであった。

　仙台城決定の理由。政宗が新しい居城の地として選んだ千代城（政宗の仙台開府前に国分氏《こくぶんし》の居城があった）が立地する青葉山は、南は竜《たつ》の口渓谷《くちけいこく》、北は沢、西は奥行き深い山林、そして東は高さ六十四メートルの断崖《だんがい》、その前を広瀬川が流れる天然の要害《ようがい》であった。

　新しい居城の候補地としては、青葉山の他に榴《つつじ》ヶ岡《おか》（仙台市宮城野区）や日和山《ひよりやま》（石巻市）も挙げられたと言われるが、十分な根拠がある訳ではない。既存の城を改造し、急いで築城する必要があったと考えられよう。

伊達政宗公像（仙台市博物館左脇）

4本丸石垣と修復

仙台城本丸の発掘《はっくつ》は、平成九年から十六年までの石垣の修復工事に伴って行なわれている。本丸の石垣は三つの時期にわたって築造《ちくぞう》され、その中で最も新しい十七世紀後半に築造《ちくぞう》された石垣が現在まで存続した石垣である事が判明した。

仙台城は築城後しばしば地震で破損《はそん》したが、殿舎《でんしゃ》の再建が必要になった大地震は一六一六年(元和《げんな》二)以降、三度が知られている。第一期、二期の石垣は初代政宗時代、第三期は四代綱村《つなむら》時代の築造《ちくぞう》ということになる。

本丸の発掘調査では、仙台城の歴史を理解するのに貴重な非常に多くの遺物が発見された。多くの瓦が出土しているが、その中から二十一点の金箔瓦《きんぱくがわら》が含まれている。菊や桐紋《きりもん》の金箔瓦もあり、これらは政宗が豊臣秀吉から与えられたものと伝えられる。築城期の政治情勢を理解する上でも重要な遺物《いぶつ》となっている。

本丸における「伊達」の生活を示す遺物も数多く発見されている。中国産の陶磁器《とうじき》では、金彩《きんさい》を施した鳳凰文合子《ほうおうもんごうす》、極彩色《ごくさいしき》に上絵付《うわえつ》けられた五彩《ごさい》、白磁《はくじ》・青磁《せいじ》・染付《そめつ》けなどのほか、朝鮮の李朝白磁《りちょうはくじ》も出土している。国産では十七世紀前半の瀬戸《せと》・美濃《みの》産の焼き物や唐津焼《からつやき》、丹波焼《たんばやき》が主で、肥前《ひぜん》の青磁《せいじ》皿が揃《そろ》いで数十客も見つかっている。これらは本丸での宴会《えんかい》用に用いられたものであろう。

金箔瓦（上）蘭桐紋の釘隠（下）
「仙台ポケットガイド」「仙台市史」近世Ⅰより

5新しい居城《きょじょう》の建設

政宗は十二月二十四日、仙台城《せんだいじょう》の縄張《なわば》り始めを行ない、千代城《せんだいじょう》を仙台城と改めた。昔、千代城のそばに千体仏《せんたいぶつ》があったことにより、この地に「千体」の名が付けられ、その後文字を「千代」に改めたと記されている。千代城の地が従来より「せんだい」と呼ばれていたようだ。そして政宗は唐の韓翃《かんこう》の詩にある「仙台初見五城楼《ごじょうろう》」という句によって、「千代」の文字を「仙台」に改めたという。

興味深いのは、築城にあたっての政宗の考えにある。立派な城を築かない理由として、第一に戦いが終了していないので、城の普請《ふしん》などに力を注ぐわけにはいかない、と書状に記されている。戦いとは言うまでもなく対上杉氏包囲戦である。

第二は、東軍の勝利で徳川家康の覇権《はけん》が確立し、今後ますます繁栄することを思えば、今さら城などを普請し強固に固める必要はない、というのである。家康に対する政宗なりの戦略があっての言い分であろうが、政宗は当初から千代城の修復で済まし、天守閣などのある新城を築城しようとしていなかったと見られる。

仙台城本丸の全容（青葉城資料館 CG）
「伊達 fan'17」（河北新報社刊　参照）

6城下を見晴らす「本丸懸造《かけづくり》」

伊達家にとってもう一つ重要な建物がある。それは大広間の東南側にあった眺望《ちょうぼう》用の懸造《かけづくり》だ。崖《がけ》に張り出すように建て、幾本《いくほん》もの長い柱で床を支えた。政宗が城を構えた米沢《よねざわ》や岩出山《いわでやま》にも懸造があったという。改修しながら歴代藩主にも活用され、幕末まで存在したということからも、仙台城にとって欠かせない建物だったようだ。

この懸造では、一六〇九年（慶長《けいちょう》十四）に政宗が花壇《かだん》の「鉄砲のつるべ打ち」を謁見《えっけん》したり、家臣たちに料理を振る舞ったりする場所として使われたほか、追廻馬場《おいまわしばば》の「絹引き馬回し」、端午《たんご》の節句に町屋に掲げる「識見《しきけん》」（家紋の入った旗のようなもの）を見ていたと伝えられ、その立地を生かした観望施設でもあった。

平面の形状については、細長い建物だったようで、桁行《けたゆき》十間《けん》～十一間ほど、東側と北側は板敷縁《いたしきえん》、東側にはさらに簀子縁《すのこえん》が張り出していた。崖の急斜面には柱を立てた「清水《きよみず》の舞台」で知られる京都の清水寺《きよみずでら》に似た外観だったと思えば分かりやすいだろう。

本丸懸造
本丸の東崖、艮櫓（うしとらやぐら）と巽櫓（たつみやぐら）の間の崖際に突き出して設けられた書院造建築（CG：青葉城資料展示館）

7 二《に》の丸《まる》普請《ふしん》

二の丸（現在は東北大学川内南キャンパス）の敷地は、以前には北屋敷と称され、政宗の四男宗泰《むねやす》（岩出山伊達氏祖）の屋敷があった。建築に当たっては、使用されなくなった若林城の建物を解体し、その用材を再利用したため、工事は早く進んだようだ。

二の丸屋敷の北側には、通路を隔てて西屋敷があった。西館《にしたて》とも称された。名称は本丸の西北に設置したことによるもので、政宗の長女五郎八姫《いろはひめ》の屋敷として用いられた場所である。

五郎八姫は、徳川家康の六男で越後《えちご》の高田《たかた》藩六十万石の大名松平忠輝《まつだいらただてる》に嫁《とつ》いだが、一六一六年（元和《げんな》二）七月に忠輝が改易《かいえき》（身分を落し領地を没収すること）となったため、離縁《りえん》され、一六二〇年（同六）九月より仙台に移された。五郎八姫はこの西屋敷で、一六六一年（寛文元《かんぶん》）に亡くなるまで過ごした。その後、屋敷は解体され、二の丸屋敷に取り込まれた。現在、二の丸の敷地は東北大学のキャンパスとなり、付近には地下鉄東西線の川内駅が設けられ、大勢の学生で賑《にぎ》わっている。

仙台城二の丸御殿（仙台城復元模型）（「仙台城ポケットガイド」仙台市博物館刊より）

8 仙台城《せんだいじょう》大手門《おおてもん》

荘重《そうちょう》にして華麗《かれい》な「仙台の顔」であった仙台城大手門は、一九三一年（昭和六）旧国宝に指定されたが、一九四五年（同二十）七月十日の仙台空襲で焼失した。在りし日の実測調査によれば、東面して建ち、大橋側より向かって左側に脇櫓《わきやぐら》、右側の石垣上に多聞塀《たもんべい》を配した二階建ての門であった。

軒高《のきだか》約二十七尺、入母屋造《いりもやづくり》、本瓦葺《ほんかわらぶき》で、大棟の両脇に鯱《しゃち》が載っていた。一階の梁間《はりま》は二十二尺三寸、桁行《けたゆき》は六十五尺、二階の桁行は一階と同じであるが、梁間は二十六尺で、三尺七寸ほど一階より前面に張り出し、柱間が一階と二階で異なっていた。規模の雄大さ、意匠《いしょう》の力強さは、桃山《ももやま》式建築の特徴を示している。（「政宗ワールド」プロジェクト顧問・佐藤巧氏、参照）

建設時期については、慶長《けいちょう》期説と寛永《かんえい》期説の二つがあり、後者は二の丸が整備されて仙台城が最終的に完成した際、仙台城全体の正門という性格を持たせながら、二の丸造営の一環として一六三九年（寛永《かんえい》十六）に建造された、との考えである。

仙台城大手門正面古写真（歴史群像「仙台城」学習研究社刊より）
日本国内の城門としても最大級の大きさでした

9 三《さん》の丸《まる》（東丸《ひがしまる》）

仙台市博物館は、三の丸跡に建てられている。五色沼《ごしきぬま》を眺めながら、石垣に挟まれた入り口を抜ければ、そこはもう仙台城の内側になる。

三の丸は一六六四年（寛永《かんえい》四）の『仙台城下絵図』には「御米蔵《おこめぐら》」と記されている。また、「東丸」と称されることも多く、江戸時代に「三の丸」と記している記録は少ない。

三の丸は、広瀬川や平地に面する東側と北側に堀と土塁《どるい》が設けられ、北に子門《ねのもん》、南に巽門《たつみもん》が建っていた。南側は本丸への登城路《とじょうろ》で、築城当時は大手口とも考えられている。

政宗時代の屋敷と庭園は、東丸の北西寄りにあった。北側は茶室や便所、台所などを伴う屋敷で、その南側には南北に垣根《かきね》を持った東屋《あずまや》や池のある庭園だった。

現在の子門付近（仙台市博物館入口）（「仙台城ポケットガイド」仙台市博物館刊より）

北側の堀は、幅約四十五㍍の五色沼《ごしきぬま》として跡を留めている。東側の土塁は最大三十㍍、堀からの高さは最高で十二㍍に及び、城内最大の規模を誇る。現在の堀は長沼と呼ばれており、かつてはL字型の堀だったが、明治時代に一部が埋め立てられた。

10 政宗公の隠居所《いんきょじょ》「若林城《わかばやしじょう》」

政宗が若林城を造営した地は、戦国時代にこの地の領主であった国分《こくぶん》氏の居城があった。その構造については、使用された期間が短かったこともあって、堀跡《ほりあと》と土塁《どるい》を除いて往時《おうじ》の様子を直接知り得るものはほとんど残されていない。さらに明治以降は刑務所が設置され、一般の立ち入りが出来なくなったほか、遺構《いこう》が徹底的に改変されたこともあって、城としての面影をしのぶことは難しい。

平面的には東西約四百メートル、南北約三百五十メートルの長方形。周囲は高さ六メートル（二丈）余・幅十八メートル（十間）余の土塁《どるい》と、幅三十六メートル（二十間）の水堀《みずぼり》で囲まれている。門は東西及び北にそれぞれ一カ所ずつ設けられており、それぞれの内側に土塁が鍵型《かぎがた》に延長され、枡型《ますがた》を形成している。大手は街道に近い西門であったとも言われる。一六二四年（寛永《かんえい》十五）に二代藩主忠宗《ただむね》により仙台城二の丸の造営の際に若林城内の建築物は移築され、一部は城下の寺や武家屋敷に払い下げられた。

現在も残る土塁や堀にその面影を見ることができる　写真：仙台市教育委員会　「伊達 fan‘17」（河北新報社刊）参照

11 片倉家《かたくらけ》・白石《しろいし》城

仙台領南端の押さえとしての白石城《しろいしじょう》。関ヶ原の戦いを契機《けいき》に、伊達政宗は白石城を攻めて旧領を回復した。一六〇三年（慶長《けいちょう》八）に白石を拝領した片倉景綱《かげつな》は、それまでの白石城を改修整備し、二百六十余年にわたる片倉家の居城となった。

正保《しょうほ》年間（一六四四～四八）に伊達藩より幕府に提出された城絵図で、その中に白石城を示す最も古い絵図と言われる「白石城絵図」がある。石垣に囲まれた本丸部分に「白石　平山城《ひらやまじろ》東西六十三間、南北四十七間、町屋地形十一間高」という書き込みがあり、文政《ぶんせい》再建後のものとほとんど同じである。

一八一五年（文政《ぶんせい》二）の焼失後、一九九五年（平成七年）に再建された櫓《やぐら》は、事実上の白石城の天守《てんしゅ》である。三階櫓あるいは大櫓とも称された。初重の六間×九間は弘前城《ひろさきじょう》天守や宇和島城《うわじまじょう》天守より大きく、高知城天守とほぼ同じ大きさである。

外観は白漆喰《しろしっくい》塗《ぬ》りで、三重に高欄《こうらん》が回っている。外壁に弓狭間《ゆみはざま》、鉄砲狭間《てっぽうはざま》が設けられており、伊達藩の南の防備上、重要な役割を担っていたことをうかがわせる。

白石城の二の丸から見た天守

12 田村一関藩《たむらいちのせきはん》三万石

一関は、一六〇四年（慶長《けいちょう》九）から伊達氏重臣の留守政景《るすまさかげ》の領地となり、伊達藩蔵入地《くらいりち》を経て、一六四一年（寛永《かんえい》十八）には政宗の十男伊達兵部少輔宗《ひょうぶのしょうむね》勝《かつ》の領地となった。その後宗勝は、一六六〇年（万治《まんじ》三）に三万石に加増されて、伊達氏の内分家《うちぶんけ》大名として藩領を形成した。

兵部大輔《ひょうぶたいふ》となった宗勝の一関藩は、北限が平泉を流れる衣川《ころもがわ》、南限が磐井郡流《いわいぐんながれ》（一関市花泉と同市弥栄《やさかえ》）の北半分、東が北上川、西が奥羽山脈であった。南の磐井川流と磐井郡東山《ひがしやま》は除外される。同じ三万石でも領域が異なっていた。

新たに一関藩主となる田村氏は、政宗の正室愛姫《めごひめ》（福島県三春田村氏の娘）の遺言《ゆいごん》により田村家を再興したものである。あとを継いだ宗良《むねよし》は政宗の孫（伊達藩二代忠宗の三男）で、一関藩初代藩主は田村建顕《たてあき》である。

西端を北流する磐井川《いわいがわ》と東端を北流する吸川《すいがわ》との間につくられており、中心は釣山《つりやま》の北麓に設けられた藩主居館（城内）で、天守や石垣などの城郭《じょうかく》は許されなかったが、堀と白壁《しらかべ》を巡らせ、白壁には丸や三角、四角の矢狭間《やはざま》が切られていた。また裏門の東脇には高楼の時の太鼓櫓《たいこやぐら》を構えていた。街道脇の大町《おおまち》、地主町《じしゅまち》が商家街で、橋を渡った仙台宗家分に問屋街があった。（『一関藩』現代書館・大島晃一　参照）

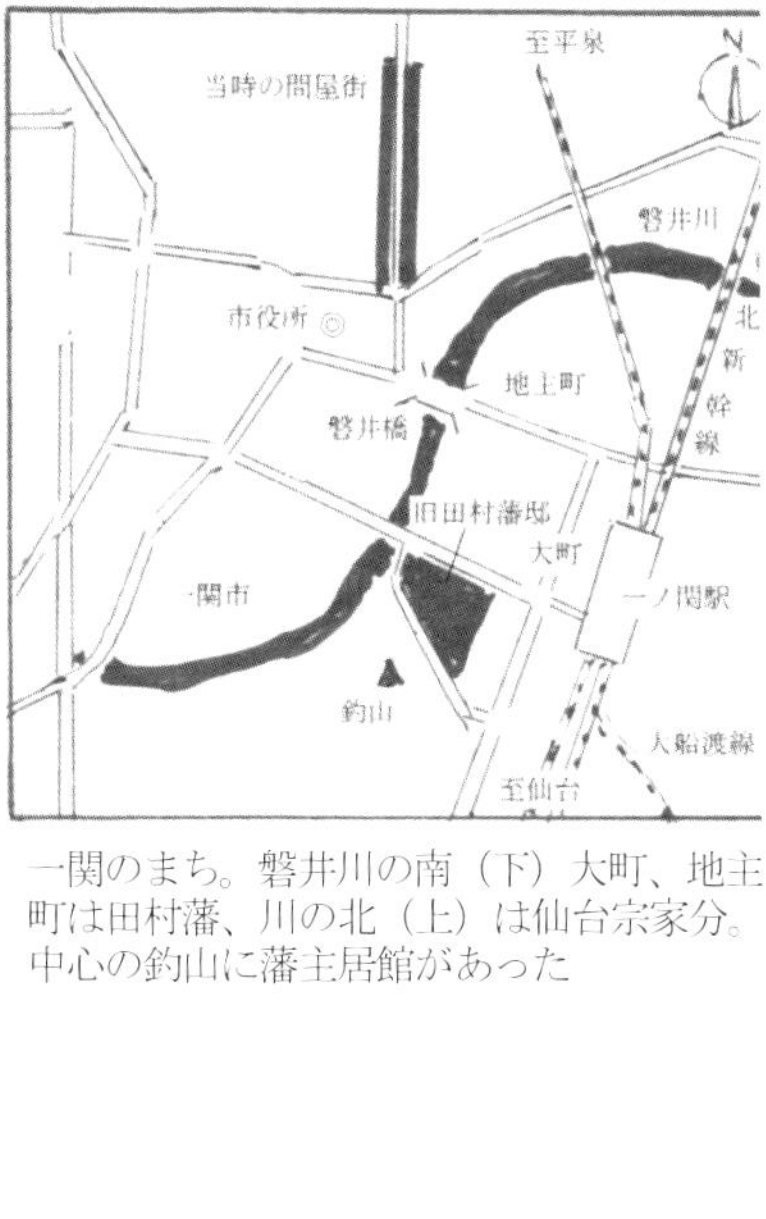

一関のまち。磐井川の南（下）大町、地主町は田村藩、川の北（上）は仙台宗家分。中心の釣山に藩主居館があった

13 宇和島藩《うわじまはん》十万石

四国宇和島藩の初代藩主秀宗《ひでむね》は、伊達政宗の第一子（庶子《しょし》）である。大坂冬の陣《じん》で、政宗と秀宗は一万八千人を率いて徳川家康の元に駆け付けた。その働きにより、一六一四年（慶長《けいちょう》十九）、伊予《いよ》（愛媛県）宇和島十万石を拝領《はいりょう》し、翌一六一五年（同二十）三月に入国した。

その際、仙台から所謂《いわゆる》五十七騎衆のほか、家臣、町人、職人、馬丁《ばてい》など多くを伴って行った。将軍秀忠は、「西国の伊達、東国の伊達」と称したという。

宇和島藩三代藩主宗贇《むねよし》は、仙台藩三代藩主綱宗《つなむね》の三男で、宇和島藩二代藩主宗利《むねとし》の跡取りとなっている。

このように、それぞれの藩祖が親と子の関係にあるなど、仙台と宇和島との縁は極めて深く、譜代《ふだい》の家臣も町人、職人たちも交流が多かったと思える。

仙台市青葉区一番町の和霊神社《われいじんじゃ》（家老山家清兵衛《やんべせいべい》公頼《きんより》を祀《まつ》る）は宇和島の分社であると言われている。

現在の宇和島城は、一五九六年（慶長《けいちょう》元）、藤堂《とうどう》高虎《たかとら》が大半が海に面する地形を巧みに生かした縄張りで築城した。石垣や天守、櫓《やぐら》は、一六一五年（同二十）に入部した伊達家により修築されている。城山は国の史跡に、天守《てんしゅ》は国の重要文化財、のぼり立ち門は宇和島市の指定文化財に指定されている。

宇和島城天守閣（写真：「仙台藩ものがたり」河北新報社刊より）

14 伊達四十八館《しじゅうはちたて》（要害《ようがい》・所《ところ》・在所《ざいしょ》）

仙台藩では、江戸時代を通して地方知行制《じかたちぎょうせい》が採られ、家臣は仙台城下に屋敷を持つと同時に知行地にも屋敷を有する者が多かった。これを在郷屋敷《ざいごうやしき》と称しているが、この在郷屋敷の中でも規模の大きさや軍事的・政治的な重要性、成立の経緯等に基づき、要害《ようがい》・所《ところ》・在所《ざいしょ》と称されて他の在郷屋敷と区別されるものがあった。具体的には、藩から家臣が拝領するという形態をとり、その拝領形態等によって次のような違いが生じている。

①要害《ようがい》＝前身が中世城館である場合が多く、軍事的な施設（郭《くるわ》や堀、石垣、土塁《どるい》など）が整備されており、実態は城郭《じょうかく》と言っても過言ではないものであった。藩からは要害そのものと家中（陪臣《ばいしん》）屋敷や足軽屋敷、寺屋敷などが与えられたが、その他に「町場拝領」といい、要害の周囲の小城下町とも言うべき町場に対する一定の権利が付随《ふずい》していた。

②所《ところ》＝規模の大きい在郷屋敷で、要害に較《くら》べて軍事的な性質は少なく、中世城館の系譜を引くものも少ない。在郷屋敷とともに家中（陪臣）屋敷や足軽屋敷、寺屋敷を藩から拝領し、併せて在郷屋敷に隣接する町場を拝領するのが原則であった。

③在所《ざいしょ》＝在郷屋敷とともに家中（陪臣）屋敷や足軽屋敷を藩から拝領する形態で、山林が附属して拝領する場合も多かった。

仙台藩では江戸時代以来、二十ヵ所以上の支城を保持し続けた。藩内では「城」と称されることが多かったが、制度的位置付けは曖昧《あいまい》なままであったようだ。（「仙台藩歴史事典」仙台郷土研究会編　参照）

城・要害・所・在所拝領分布

「仙台藩歴史事典」改訂版　　仙台郷土研究会編

15 城下町の建設

伊達政宗は仙台城の普請《ふしん》の日に、北目城《きためじょう》（太白区郡山）で普請奉行《ふしんぶぎょう》の川島豊前宗泰《ぶぜんむねやす》と金森内膳《ないぜん》に新城下の屋敷割の図を示したという。詳細な計画は別として、基本的な城下町建設は政宗の指示によるものであったと言ってよいだろう。

第一は、仙台城が青葉山の山上に構えられ、城下町が広瀬川を挟んで対岸に配置されたということである。仙台の城下町は重臣の屋敷は城近くに配置されたものの、それを城壁などで囲んで町人町などと区分することはなかった。また、町人町の外側に中級家臣、さらにその周縁《しゅうえん》に足軽屋敷《あしがるやしき》、北や東の周縁を中心に寺社を配置した。

第二は、奥州街道を城下に導入し、城下町を南北に貫《つらぬ》く幹道《かんどう》とし、これとともに西に位置する仙台城から東に通じる大町通を東西の幹道とし、両道の交差する地点（芭蕉《ばしょう》の辻《つじ》）を城下町の基点と定めたことである。

第三は、城下町全体に占める町人町《ちょうにんまち》の割合が極めて小さく、武士居住地が圧倒的に大きかったことである。

仙台城下の町割

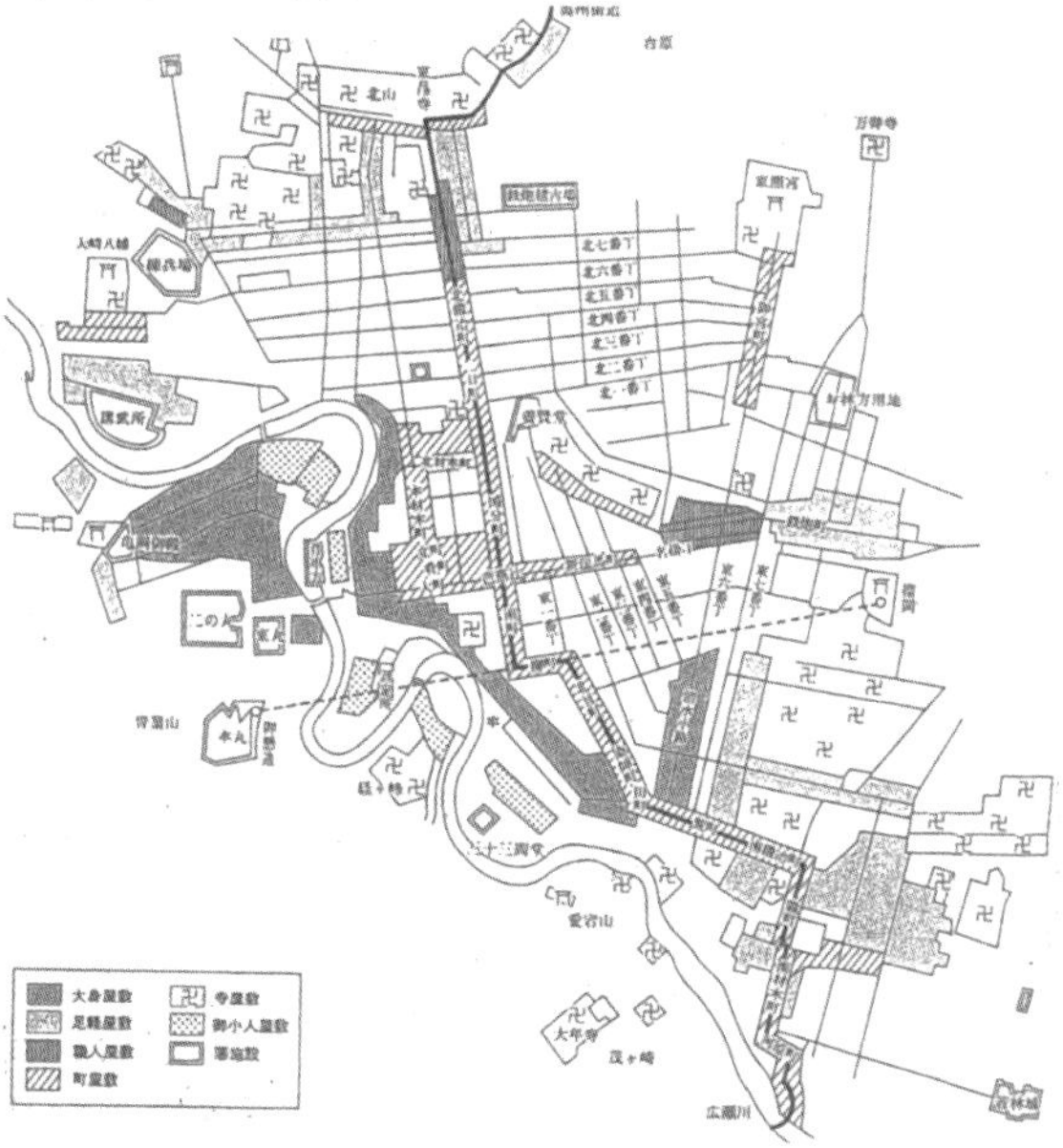

歴史群像⑬「仙台城」より（学習研究社刊）

16 城下町の屋敷割《やしきわり》

仙台の城下町の区分は、他の城下町と同じく、身分制に基づき厳格《げんかく》に居住地が決められていた。ほぼ格子状に区画された街区《がいく》を基準にして町割りが行なわれ、大身侍屋敷《たいしんさむらいやしき》、侍屋敷《さむらいやしき》、足軽屋敷《あしがるやしき》、町人屋敷、職人屋敷、寺屋敷が配置されていた。

仙台城下における街区は、現実に残された地割などから見て、概《おおむ》ね長さ六十間《けん》が基準となっており、奥行《おくゆ》きは侍屋敷が三十間、足軽屋敷・町人屋敷・職人屋敷などは二十五間と身分に応じて決められていた。ただし、知行高《ちぎょうだか》が一千石を超える上級家臣の場合は別格で、規定が定められえていない。

一方、町人の町屋敷は間口六間《まぐちろっけん》を基準として町割りがなされていた。この間口六間の町屋敷を「一軒屋敷」と称し、これが町役などの賦課の際の基準となっていた。ただし、この間口六間は屋敷地の地割りの基準であり、実際には屋敷地の売買や相続に際して「一軒屋敷《いっけんやしき》」が二分割され、江戸時代中期以降になると、間口が三間の「半軒屋敷《はんけんやしき》」が多く見られるようになる。

知行高	間口	奥行	面積
800～1000 石未満	40 間	30 間	1200 坪
500 石～800 石未満	30 間		900 坪
300 石以上～500 石未満	25 間		750 坪
150 石以上～300 石未満	17 間		510 坪
100 石以上～150 石未満	14 間		420 坪
100 石以下	12 間	25 間	300 坪
足軽組頭	10 間		250 坪
足軽	7 間		175 坪
諸職人棟梁	12 間		300 坪
諸職人	6 間		150 坪
商人			

城下における武家屋敷などの面積規定
寛文 5 年（1665）「仙台惣屋敷規定」による（「仙台市史」近世 I 参照）

17 侍屋敷の町割

仙台城下では、侍の屋敷町を「丁《ちょう》」で示した。仙台藩は他藩に比べて家臣数が多く、一万石以上の知行《ちぎょう》を持つ家臣が江戸時代中期以降は八人もいた。仙台藩の大きな特徴であるが、この特徴は城下における侍屋敷の配置にも反映されている。

上級家臣の屋敷は、仙台城近くの川内《かわうち》・片平丁《かたひらちょう》・中島丁《なかじまちょう》に配置された。知行地《ちぎょうち》に大きな居館《きょかん》を有し、中でもその居館を中心に一円的な所領を持っていた上級家臣の屋敷が集中的に配置されていたのが片平丁《かたひらちょう》である。万石以上を含む一門《いちもん》・一家・準一家・一族等の門閥《もんばつ》や奉行級《ぶぎょうきゅう》の上級家臣が軒を連ねていた。

片平丁の西北部に続く中島丁にも、当時三万石を領し、藩の後見となっていた伊達兵部《だてひょうぶ》(一関《いちのせき》三万石)の屋敷を始めとして、これらに準ずる上級家臣の屋敷が並んでいた。

これに対して中級家臣の屋敷は、奥州街道《おうしゅうかいどう》の両側で東西に走る北一番丁から北七番丁までの各番丁に配置された。さらに北一番丁から北六番丁は奥州街道を越した東側にも屋敷が配置された。

下級家臣である組士《くみし》や足軽《あしがる》、藩に召し抱えられている職人などの屋敷は、多くは城下の周辺部に置かれていた。

片平丁界隈の上級家臣屋敷　仙台城下絵図(寛文４年)部分　宮城県図書館蔵

18 城下町の町人町の町割

仙台城下における侍屋敷と町屋敷は、その名称でも区別されていた。即ち、侍屋敷の街区には「丁（ちょう）」、足軽・職人・町人などの居住する屋敷が置かれた街区は「町（まち）」を用いた名称が付けられていた。また、仙台城下では「〇〇通《とおり》」という道の名称も数多く存在した。そのほとんどは、その道が行き着く先の地名などが「通」の前に付けられた。

町人町の町割。江戸時代中期以降の仙台城下においては、主要な町人町が二十四あったことから、これを「町方《まちかた》二十四ヵ町」などと総称した。この「町方二十四ヵ町」には、「町列《ちょうれつ》」と呼ばれる序列が存在し、この序列が順守された。

即ち、「町列」の一位から六位は「御譜代町《ごふだいまち》」と呼ばれ、米沢《よねざわ》（山形県米沢市）から岩出山《いわでやま》（宮城県大崎市）、仙台と伊達氏に従って移って来た「伊達御供《おとも》」の衆が造った町であった。

仙台城下の創設期に仙台近辺から住民が移住して来て造られた国分町《こくぶんまち》・北目町《きためまち》・二日町《ふつかまち》などが、概ね御譜代町に次ぐ序列になっているのもこうした推測を裏付けている。

仙台城下における開府当初の町人町は、後に町列の上位に位置するこうした町を中心に形成された。

序列	町名	成立の状況
1	大町三四五丁目	御譜代町
2	肴町	御譜代町
3	南町	御譜代町
4	立町	御譜代町
5	柳町	御譜代町
6	荒町	御譜代町
7	国分町	国分寺門前付近から移動
8	本材木町	
9	北材木町	本材木町から分離か
10	北目町	北目城下から移動
11	二日町	国分寺門前付近から移動
12	染師町	
13	田町	
14	新伝馬町	もとは日形町
15	穀町	若林築城後に成立
16	南材木町	若林築城後に成立
17	河原町	若林築城後に成立
18	大町一二丁目	御譜代町
19	上御宮町	東照宮造営時に成立
20	下御宮町	東照宮造営時に成立
21	亀岡町	亀岡八幡宮造営後に成立
22	支倉澱橋町	
23	北鍛冶町	本鍛冶町から移動か
24	南鍛冶町	若林築城後に成立

仙台城下の主な町人町と町割(仙台市史通史編近世)

19 国宝・大崎八幡宮《おおさきはちまんぐう》

大崎八幡宮は八〇一年（延暦《えんりゃく》二十）坂上田村麻呂《さかのうえのたむらまろ》が胆沢郡《いさわぐん》（現岩手県奥州市《おうしゅうし》）に勧請《かんじょう》した神社を室町時代に遠田郡《とおだぐん》（現宮城県大崎市）に勧請、一五九一年（天正十九）玉造郡岩出山《たまつくりぐんいわでやま》（同）、そして仙台開府に伴い、伊達政宗が城下北西の丘陵上に社殿の造営を計画し、一六〇四年（慶長九）に竣工《しゅんこう》した。

社殿は一流の工匠《こうしょう》を中央から呼び寄せて造営され、権現造《ごんげんづく》りとしてはわが国最古の遺構である。桃山時代の気風を感じさせる貴重な建造物として国宝に指定されている。

権現造りは本殿と拝殿を石の間でつないだ形式で、本殿・石の間・拝殿が一体となっている。拝殿は桁行七間・梁間三間の入母屋造《いりもやづく》りこけら葺きで、正面に千鳥破風《ちどりはふ》を、向拝には見事な軒唐破風《のきからはふ》を、石の間は桁行《けたゆき》一間、梁間《はりま》一間両下造り・こけら葺き、内部の格天井《ごうてんじょう》には多数の草花・薬草が金泥《きんでい》で描かれている。

本殿は桁行五間、梁間三間、入母屋造り・こけら葺きである。総漆塗《そううるしぬ》り、極彩色《ごくさいしき》、飾り金具など豪華で流麗《りゅうれい》な意匠《いしょう》の桃山建築《ももやまけんちく》の傑作《けっさく》である。

本殿前に参道の長床《ながとこ》がある。長床は桁行九間で中央が通り抜け出来るようになっている。素朴《そぼく》な素《しら》木造《きづく》りで、長床としては県内最古の遺構である。国指定重要文化財になっている。

国宝大崎八幡宮

大崎八幡宮　長床（国指定重要文化財）

20国宝・瑞巌寺《ずいがんじ》

名刹《めいさつ》瑞巌寺（宮城県松島町）は、桃山期の威風堂々《いふうどうどう》とした構えの臨済宗《りんざいしゅう》の禅寺《ぜんでら》として知られる。正式には青龍山瑞巌円福禅寺《せいりゅうざんずいがんえんぷくぜんじ》という。本堂・庫裏《くり》は国宝、他に国の重要文化財七件を数える。松島湾の潮風や冬の厳しい風雪に耐えられる堅固《けんご》な造りが特長だ。

仙台城本丸大広間、大崎八幡宮《おおさきはちまんぐう》と同様、建築は梅村家次《うめむらいえつぐ》、彫り物は刑部国次《おさかべくにつぐ》ら、上方《かみがた》から招いた当代一流の工匠《こうしょう》が担当した。

政宗は瑞巌寺を菩提寺《ぼだいじ》にするほど大事にした。例えば、建築用材を遠く紀州《きしゅう》（現和歌山県）から筏《いかだ》を組んで運んだことや、自ら縄張りをし、朝鮮半島出兵の際に持ち帰ったとされる臥龍梅《がりゅうばい》を手植えしたことからもその力の入れようが伺《うかが》える。

両隣には、夫人愛姫《めごひめ》の陽徳院《ようとくいん》（国の重要文化財）と長女五郎八姫《いろはひめ》の天麟院《てんりんいん》が建てられたのも政宗の遺志を汲んだものだろう。

三陸沿岸測量で訪れたスペインの使者ビスカイノと宣教師ソテロを招いて、瑞巌寺で宴が持たれたとの記録がある。ビスカイノは金銀島探検報告で「石造建築ではエスコリアル宮殿（マドリード郊外）、木造では当山（瑞巌寺）をもって世界に並ぶものなし」と最大級の賛辞《さんじ》を贈っている。

平成二十年から三十年まで本堂・中門・御成門の解体修復が行なわれた。

国宝・瑞巌寺。桃山建築の粋として全国的にも希少

庫裏は禅寺の顔

21 政宗公の霊廟・瑞鳳殿《ずいほうでん》

瑞鳳寺《ずいほうじ》前の坂を登ると瑞鳳殿《ずいほうでん》までは石段になる。この石段を七十としたのは、政宗の行年をとったという。瑞鳳殿は一六三六年（寛永《かんえい》十三）七十歳で生涯を閉じた政宗公の霊廟《れいびょう》である。二代忠宗《ただむね》が総力を結集して建てた豪華絢爛《ごうかけんらん》たる廟建築《びょうけんちく》として一九三一年（昭和六）国宝に指定されたが、一九四五年（同二十）七月十日の仙台空襲《くうしゅう》で焼失《しょうしつ》した。

一九七四年（同四十九）に再建工事が着工。それに先立って学術調査が行なわれ、その結果入念を極めた墓室の構造、石灰《せっかい》に埋もれたほぼ完全な遺骨、三十余点の見事な副葬品《ふくそうひん》が発掘された。

新しい瑞鳳殿は旧殿と同じように再建され、本殿・拝殿・唐門《からもん》・御供所《ごくしょ》・涅槃門《ねはんもん》・殉死者《じゅんししゃ》二十名の宝篋印塔《ほうきょういんとう》など八億円の巨費と五年の歳月を要して一九七九年（昭和五十四）秋に完成した。その後、二代忠宗・三代綱宗《つなむね》の霊廟も引き続き再建された。

涅槃門《ねはんもん》は樹齢数百年の青森ヒバに黒漆《くろうるし》を施し、梁《はり》には金箔《きんぱく》の上に唐草模様《からくさもよう》の透かし彫が張り付けられえている。門扉《もんぴ》の「菊紋」は豊臣秀吉から政宗が拝領したものである。「扁額《へんがく》」は五世藩主吉村公の寄進によるものだった。（「青葉の散歩手帳」木村孝文・宝文堂参照）

瑞鳳殿

涅槃門（ねはんもん）

22 支倉常長《はせくらつねなが》・慶長遣欧使節《けいちょうけんおうしせつ》

伊達政宗は家臣支倉常長《はせくらつねなが》をスペイン国王とローマ教皇《きょうこう》のもとに派遣《はけん》した。その目的は仙台とメキシコとの間に国際貿易を開くことであった。

使節船は総トン数五百トン級の大型洋式船で「サン・ファン・バウティスタ号」と命名された。

使節船を建造するに当たっては徳川家康と伊達政宗が相談の上、幕府の造船技術者も仙台に来ている。さらに使節団には幕府の役人が一緒に乗船しており、このプロジェクトは伊達政宗と幕府の共同使節団だったと言える。

全権大使に抜擢《ばってき》された支倉常長は、約四百年前の一六一五年、スペイン国教皇《きょうこう》に拝謁《はいえつ》したことは破格の名誉《めいよ》だった。支倉はローマでも大歓迎を受け、ローマの入市式ではパレードまでしてもらったという。

支倉は国賓級《こくひんきゅう》の扱いを受けたということだ。また、ローマ市議会は支倉常長にローマ市の市民権を与え、貴族の称号まで与えられた。ここでもまた破格《はかく》の厚遇《こうぐう》を受けたのである。支倉がローマに滞在中描いてもらったという肖像画《しょうぞうが》や公民権証書《こうみんけんしょうしょ》などが現在、仙台市博物館に所蔵され、国宝に指定されている。

常長は帰国後一年を経ない一六二二年（元和七）に数え五十一歳で死去したとされている。

復元されたサン・ファン・バウティスタ号
現在は係留・展示されている　写真（公財）慶長遣欧使節船協会

23 岩出山《いわでやま》「旧有備館《ゆうびかん》と大名型庭園」

旧有備館《ゆうびかん》は、伊達一門岩出山《いちもんいわでやま》伊達家二代宗敏《むねちか》が、江戸時代初期の一六六三年（寛文《かんぶん》三）、岩出山要害の二の丸が焼失の際造営した仮居館(御陰館)である。

本館新築後の一六九一年（元禄《げんろく》四）、三代敏親《としちか》がこの仮居館に手を加えて春学館と名付け学問所とし、翌元禄五年に通学便利な下屋敷のあった現在地に移築して有備館と名付けた。以来明治までの百七十七年間、郷学《ごうがく》として親しまれ、藩校として全国で最古の建物である。建物は書院風寄棟《よせむね》の草葺《くさぶ》きで、寛文《かんぶん》年間(一六六一～七二)の面影《おもかげ》を今に伝えている。しかし、二〇一一年（平成二十三）の東日本大震災で半倒壊《とうかい》するなど大きな被害を受けたが、二〇一六年(同二十八）になって修復が完了した。

さて庭園だが、元々伊達藩下屋敷として造られ、現在のようになったのは、江戸時代中期の一七一五年（正徳《しょうとく》五）四代村泰《むらやす》の時、伊達藩茶道頭石洲流《せきしゅうりゅう》清水派《しみずは》三世清水道竿《どうかん》によって作庭された。庭園の敷地は一万三千二百三十二平方メートル、中央部の約五千二百平方メートルを台形の池が占め、池泉《ちせん》には亀《かめ》島、鶴《つる》島、兜《かぶと》島の他土橋の架《か》かる茶の島(茶島)四島を配している。池泉の周囲五百メートルの園路を巡ると対岸の眺めは城山の断崖が見事な借景《しゃっけい》をなし、一層の美観を添えており、正に今に残る大名型庭園と言えよう。有備館及び庭園は国指定史跡・名勝になっている。

藩校として全国最古の「旧有備館」

大名型庭園・石州流清水道竿による作庭

24 仙台城下を流れる四ツ谷用水《よつやようすい》

「四ツ谷用水」は、仙台藩祖伊達政宗公が家来の川村孫兵衛《かわむらまごべえ》（長州・現山口県）に命じて造られた。広瀬川中流の郷六《ごうろく》に四ツ谷堰《せき》を築き、そこから取水した水を新たに掘った水路やトンネルで仙台城下まで導いて、生活用水のほか染物《そめもの》や農業用水など産業面、さらには城下の防火用水としても使われた。

広瀬川の河岸段丘《かがんだんきゅう》上に開かれた仙台の城下は、水の確保が重要な課題だった。郷六《ごうろく》から用水路を掘って広瀬川左岸の高台を八幡町《はちまんまち》まで流し、そこから幾つかに分水して城下各所まで導くという政宗ならではの大胆な発想は、思わぬ副産物も生んだ。城下を流れる水路から染みこんだ地下水によって、杜の都が育まれたと言っても過言《かごん》ではない。

四ツ谷用水は総延長四十四キロ。しかし、明治期以降は上下水道の整備によって昭和初期ごろまでに街の風景から姿を消した。本流は現在も工業用水として使われ、北六番丁通、旧東北大学雨宮《あまみや》キャンパス前を暗渠《あんきょ》で流れている。

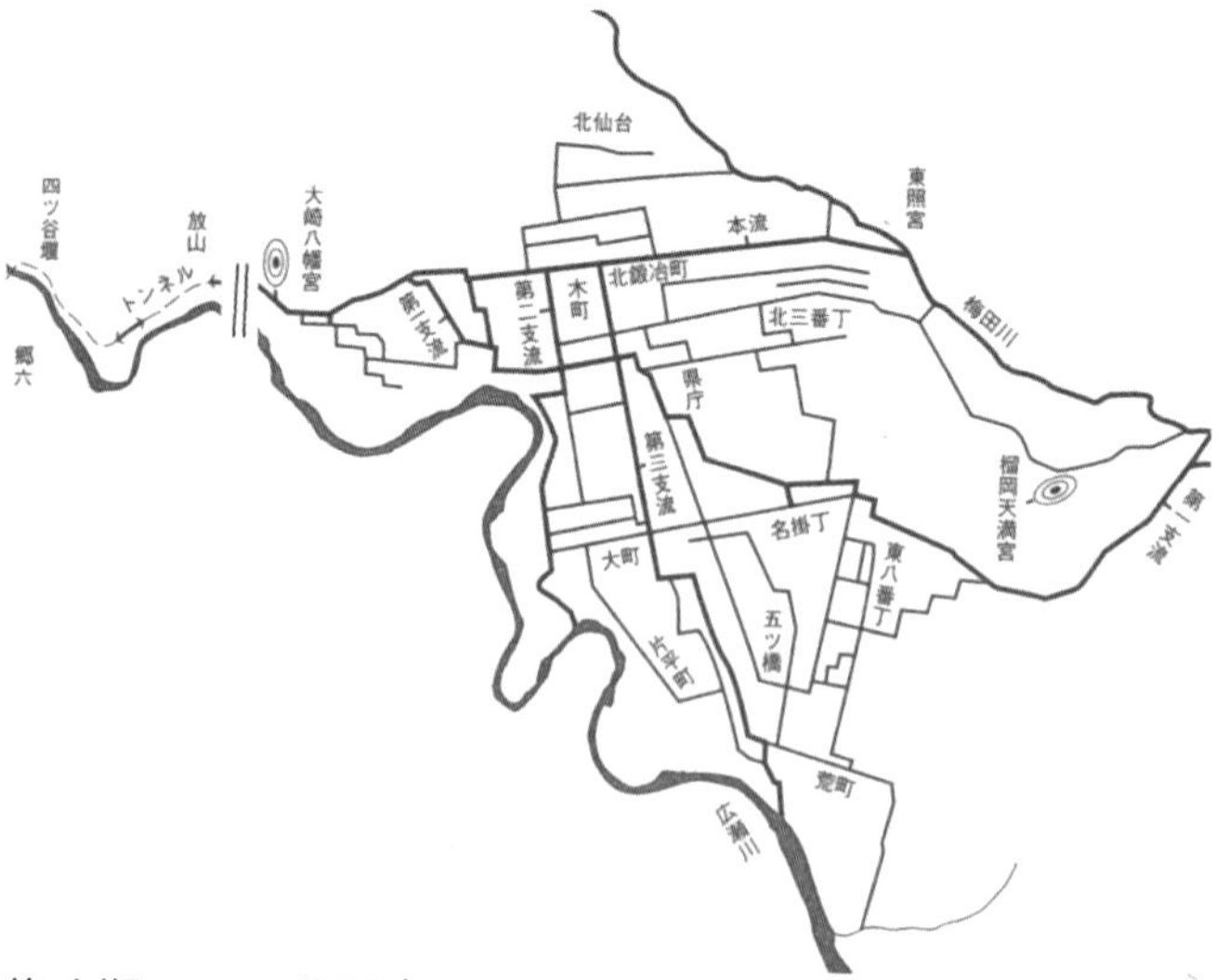

藩政期の四ツ谷用水

（「利水・水運の都仙台」佐藤昭典著より）

25 繁栄《はんえい》を支えた貞山運河《ていざんうんが》

「貞山運河」は、阿武隈川《あぶくまがわ》河口から旧北上川《きたかみがわ》までを結ぶ総延長四六・四キロ）の運河で、一五五七年（慶長《けいちょう》二）から一八八四年（明治一七）にかけて建設された。「貞山《ていざん》」とは伊達政宗公の追号であり、「貞山運河」という名称は明治になって付けられた。この中には阿武隈川から松島湾を結ぶ運河として「木曳堀《こびきぼり》」「新堀《しんぼり》」「御《お》舟入堀《ふないりぼり》」があり、この三つの運河の総延長は二八・九キロである。また、松島湾から鳴瀬川間を「東名《とうな》運河」、鳴瀬川から石巻市の旧北上川間を「北上運河」と呼び、延長はそれぞれ三・六キロ、一三・九キロである。

北上運河は、一八八一年（明治十四）に完成。幅が二十五メートル、深さ一・六メートルある。旧北上川との分岐点には、船の運航のために水位を調節する「石井閘門《こうもん》」を設けた。

この貞山運河の開削に尽力《じんりょく》したのが、長門国《ながとのくに》（山口県萩市）出身の川村孫兵衛重吉《かわむらまごべいしげよし》である。

藩政時代の運河・水運

（「利水・水運の都仙台」佐藤昭典著より）

26 阿武隈川《あぶくまがわ》の舟運《しゅううん》

阿武隈川下流（福島から河口の荒浜）の水運は、一六六四年（寛文《かんぶん》四）江戸商人渡辺友以が、福島―水沢・沼ノ上（丸森町）間の普請《ふしん》を行なったのが最初とされている。一六七〇年（寛文十）、幕府の命を受けた江戸商人の河村瑞賢《かわむらずいけん》のよって本格化した。

これは幕府領だった信達《しんたつ》地方（福島県信夫《しのぶ》・伊達郡）の城米を江戸に回漕《かいそう》するためで、水沢と荒浜に番所、荒浜には幕領の蔵が設けられていた。穀蔵は藤波（岩沼市）に五棟（仙台藩）、荒浜（亘理町）に十三棟（仙台・米沢藩）など、江戸廻米を行なう藩の蔵も建てられた。

阿武隈川に就航した船は、福島・桑折《こおり》から水沢・沼ノ上まで小鵜飼《うかい》船（二十二石積み）、底から荒浜まで艜船《ひらたぶね》（四十四石積み）であった。信達地方の城米はこのルートを利用した。村山地方（山形県）の幕領米・私領米は笹谷峠《ささやとうげ》を越えて玉崎（岩沼市）に運ばれ、艜船《ひらたぶね》でやはり荒浜まで運ばれた。置賜《おきたま》地方（山形県）の米は、二井宿峠《にいじゅくとうげ》を越えて七ヶ宿街道を経て阿武隈川河岸に至り、荒浜まで輸送された。荒浜に集積された米は寒風沢《さぶさわ》（塩竈市浦戸）か小渕《おぶち》（石巻市小渕浜）に運ばれ、千石船《せんごくぶね》に積み替えられて江戸に運送された。（『仙台藩歴史辞典』改訂版参照）

阿武隈川下流地域図

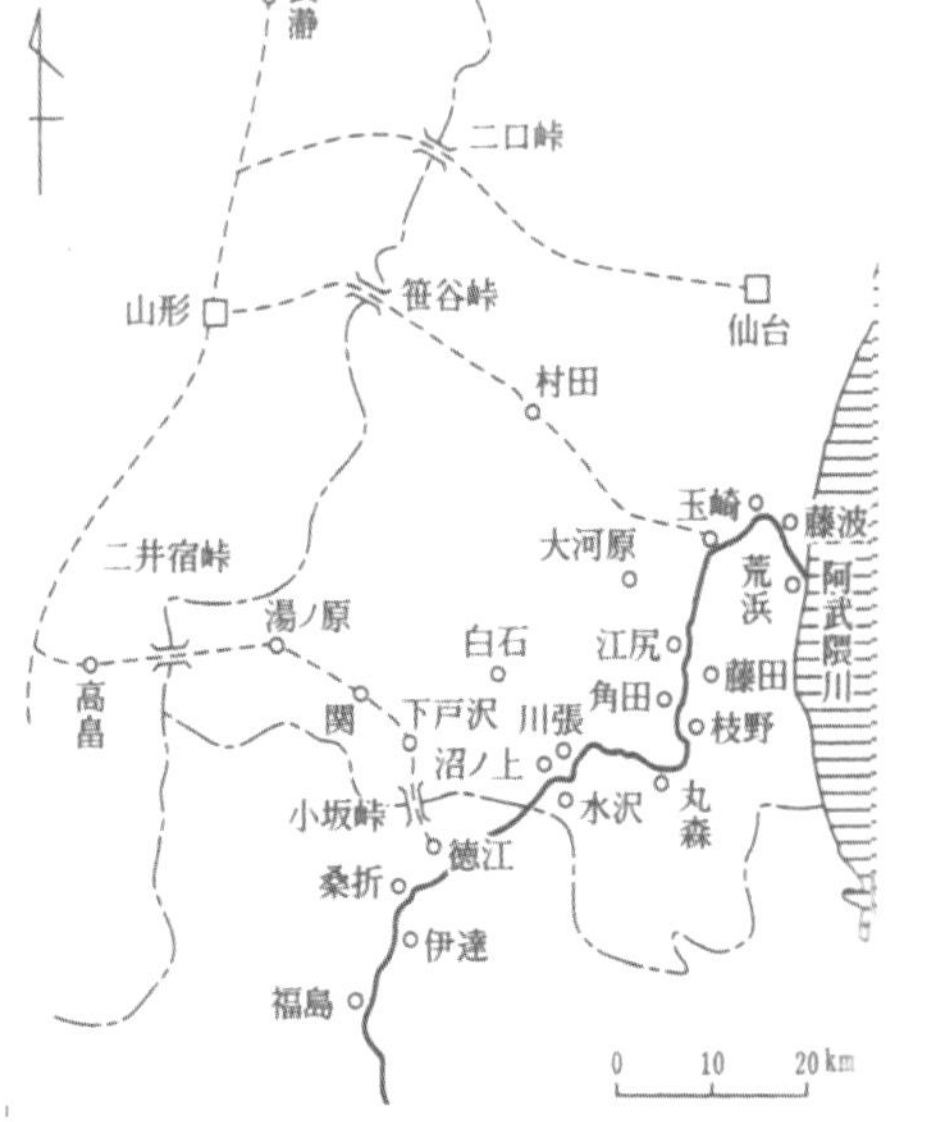

27 北上川の舟運《しゅううん》

近世において、北上川を本格的に利用するようになったのは、北に盛岡藩、南に仙台藩という統一政権が出来てからである。仙台藩では、一六二六年（寛永《かんえい》三）に北上川下流と迫川《はさまがわ》・江合川《えあいがわ》の三川の合流工事と石巻河港が整備されてから本格化した。石巻と黒沢尻《くろさわじり》（現岩手県北上市）の間の百四十七キロに艜船《ひらたぶね》が往来し、それより上流の盛岡までは艜船より小型の小繰船《おぐりぶね》が航行した。艜船は三百五十俵、小繰船は百俵程度を積むことが出来たという。北上川の艜船には、藩米を運ぶ御石艜《おんこくひらた》、民間の荷を運ぶ渡世艜《とせいひらた》があり、最盛期には九十六隻あった。黒沢尻以北は盛岡藩、相去《あいさり》以南が仙台藩に属した。

艜船《ひらたぶね》は北上川流域の米をはじめ様々な物産を石巻に下し、千石船を使って江戸へ海上輸送するのに重要な役割を果たした。逆に江戸からの帰り船には、重い米の代わりに瀬戸物を積んで船体を安定させたほか、古着などの荷物が運ばれ、北上川流域へと流通された。（「仙台藩歴史事典」改訂版参照）

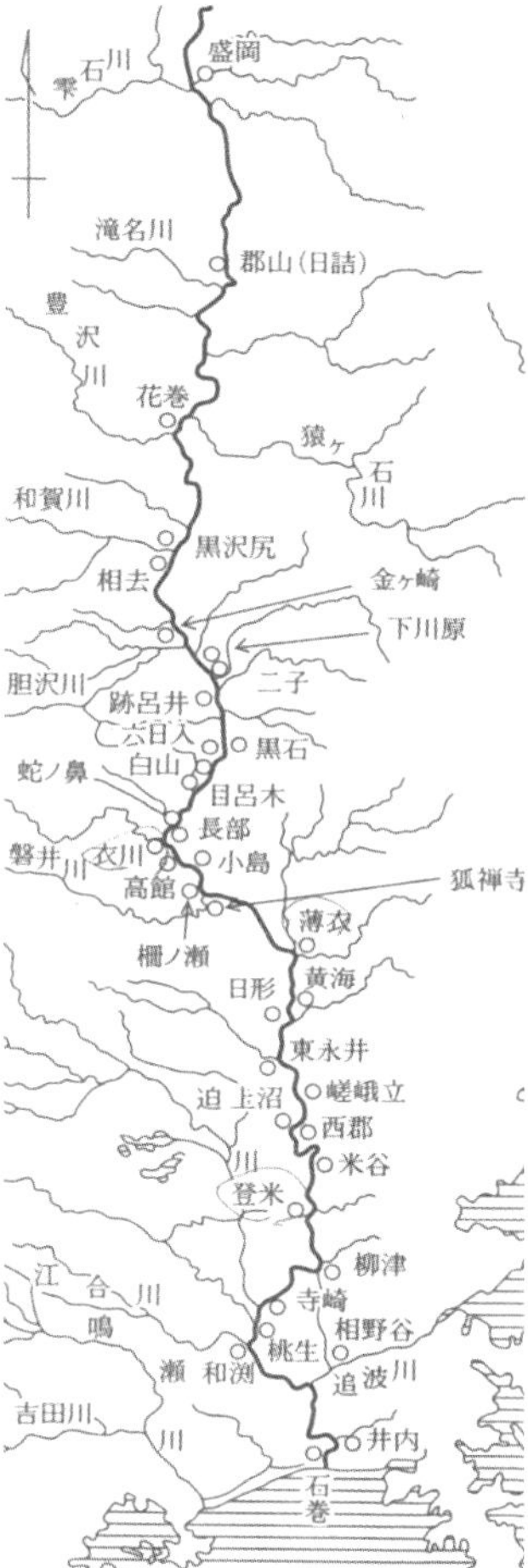

「仙台藩歴史事典」仙台郷土研究会編より

28 北上川改修で港町誕生

藩政時代、仙台米《せんだいまい》を江戸まで輸送するため、政宗の命によって北上川を改修して東国《とうごく》最大の港となった石巻《いしのまき》。現代のように重機《じゅうき》がない時代、人馬の力で国内有数の大河《たいが》の流路を変えるという大事業に取り組んだのが川村孫兵衛重吉《かわむらまごべいしげよし》だった。むろん、河川改修は流域の新田開発による米の増産も大きな狙いだったことは言うまでもない。

孫兵衛は長州《ちょうしゅう》（山口県）生まれで、毛利《もうり》家に仕えていた。関ヶ原合戦で浪人となり、のち政宗の目に留まって召し抱えられた。土木の才能が発揮される時がやがて来る。孫兵衛四十二歳の一六一六年（元和《げんな》二）、石巻湾に注ぐ江合川《えあいがわ》を迫川《はさまがわ》と合流し、さらに北上川も合わせる三川合流を図るという大事業が計画された。

分流地（石巻市鹿又《かのまた》）に石組を施し、石巻へ七分、追波湾《おっぱわん》に三分の割合で北上川の水を分けた。この北上川の改修により、仙台米を大消費地江戸まで輸送・販売する江戸廻米《かいまい》構想が動き出す。北上川付け替えから五十年。東国最大の港となった石巻には、藩米を積んだ艜船《ひらたぶね》が続々と集結し、四十四棟（十三万五千俵収納）あったという米蔵に運び込まれた。日和を見て大型の千石船《せんごくぶね》に積み替え、一路海上を江戸へ。石巻はもとより、仙台藩発展の礎《いしずえ》になった。

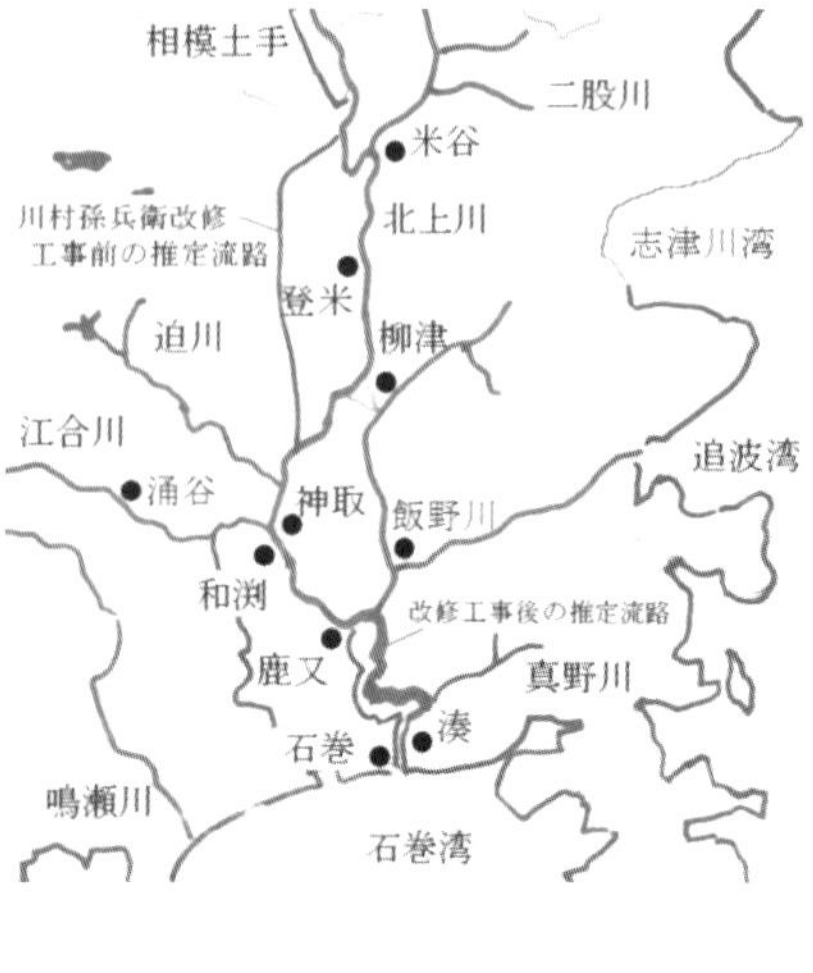

川村孫兵衛が改修した北上川の流路（「仙台藩ものがたり」河北新報社刊参考）

29 大崎耕土《おおさきこうど》・世界農業遺産《せかいのうぎょういさん》に

宮城県大崎地方の水田農業地帯「大崎耕土」が、国連食糧農業機関（ＦＡＯ）の「世界農業遺産」に認定された。国内九地域目で、北海道・東北の認定は初めて。

大崎耕土の水田は面積が約三万ヘクタール。大崎市と美里《みさと》、涌谷《わくや》、加美《かみ》、色麻《しかま》の近隣四町にまたがる。家屋を囲む屋敷林「居久根（イグネ）」が地域内に二万以上存在する独特の景観を保持してきた。

戦国時代も終焉《しゅうえん》を迎えた一五九一年（天正《てんしょう》十九）、仙台藩伊達政宗は現在の大崎市岩出山《いわでやま》に居館を移した。その後、開削《かいさく》した水路が内川《うちかわ》だ。城の外側に「一の構《かまえ》」という塀を築き、その内側を流れることから命名されたと伝わる。

内川は、北上川支流の江合川《えあいがわ》から当時の高度な土木技術を駆使《くし》して導入された。塀として城の守りを固めるとともに、農業用水として活用された。水路は分水堰《ぶんすいぜき》から網の目のように広がり、下流域の農地約三千三百ヘクタールを潤す。今回、屈指の米産地を支える役割が評価され、二〇一六年（平成二十八）、「世界かんがい施設遺産」に登録された。政宗は家臣に荒れ地を与え、開墾《かいこん》させた。以来大崎耕土は豊穣《ほうじょう》の地となった。大崎耕土には、洪水《こうずい》時に遊水地《ゆうすいち》となる沼やため池も整備された。

あとがき

仙台藩祖伊達政宗公の生誕《せいたん》四五〇年（二〇一七）を機に、「政宗ワールド」プロジェクトを立ち上げました。

「政宗ワールド」プロジェクトは、政宗公が残した歴史的足跡《そくせき》を改めて見直し、伊達な文化を伝承し、記憶として残していきたいという想いでスタートしました。

各地域を観光と郷土史という視点で相互に連携《れんけい》し、五〇年後を夢見て顧問団の先生方のご指導・ご鞭撻《べんたつ》をいただきました。各方面で活躍されている理事(当初二十四名）の方々が「政宗ワールド」フェスタを開催したところ、予定を上回る約二千五百名の方々にご来場いただき、盛会のうちにフェスタを終了することが出来ました。ご来場された方々、ご協力いただいた個人、企業各位様に厚く御礼申し上げます。

第一章では、「政宗ワールド」フェスタを主に編集しました。伊達な文化の一端としての演武・演舞等を披露しました。伊達な文化の伝承の機会になったと思っています。

また、ＮＨＫラジオ放送で「政宗公にまつわる豆知識・トリビア」をテーマとするミニコーナー「伊っ達（だって）４５０」を、当プロジェクトで一年間（二〇一七年四月～二〇一八年三月）担当しました。その一部(放送原稿)を紹介しました。

第二章では、伊達な文化の記憶として、仙台城の築城や町づくりにまつわる話、そして桃山文化の粋を今に残す大崎八幡宮や瑞鳳殿、貞山運河や四ツ谷用水といった水利用など、京や江戸に匹敵する『北の都』を造ろうとした政宗公の思いが感じられます。

当冊子を発行するに当たっては、当プロジェクト理事兼事務局長の田中於菟彦《おとひこ》、事務局員の大沢慶尋《よしひろ》（青葉城資料展示館主任学芸員）、大西遼《りょう》（同館学芸員）各氏の協力をいただきました。また本の森の大内悦男氏には編集面で大変お世話になりました。

仙台市博物館・仙台市教育委員会・河北新報社・学習研究社様には写真等でお世話になり、お礼申し上げます。

二〇一八年四月

古田　義弘

参考文献

「仙台市史」通史編② 古代中世 仙台市（2000年）
「仙台市史」通史編③ 近世1 仙台市（2001年）
「仙台市史」通史編④ 近世2 仙台市（2003年）
「仙台市史」通史編⑤ 近世3 仙台市（2004年）
「仙台市史」特別編⑦ 城郭 仙台市（2006年）
「仙台市史」特別編⑨ 地域誌 仙台市（2014年）
「仙台市史」特別編④ 市民生活 仙台市（1997年）
「仙台の文化財」 仙台市教育委員会（1996年）
「歴史群像 名城シリーズ『仙台城』」 学習研究社（1996）
「仙台藩ものがたり」 河北新報編集局編（2008年）
「せんだい歴史の窓」菅野正道 河北新報出版センター（2012年）
「仙台城ポケットガイド」 仙台市博物館（2015年）
「伊達政宗」 小林清治 吉川弘文館（1959年）
「利水・水運の都仙台」 佐藤昭典 大崎八幡宮（2007年）
「支倉常長とスペイン」 宮城スペイン協会（1992年）
「仙台市の文化財」 仙台市教育委員会（1996年）
「仙台藩歴史事典」 仙台郷土研究会編（2012年）
「伊達政宗の手紙」 佐藤憲一 新潮選書（1995年）
「仙台郷土史の研究」 伊東信雄 宝文堂（1979年）
「伊達政宗のすべて」 高橋富雄編 新人物往来社（1984年）
「仙台藩の要害割について」 小林清治（1988年）
「仙台城下わたしの記憶遺産」 古田義弘 本の森（2016年）
「仙台城・復元大系仙台の城」 佐藤巧 ぎょうせい（1993年）
「一関藩」 大島晃一 現代書館（2006年）
「青葉の散歩道」 木村孝文 宝文堂（2002年）

【会員募集】

「政宗ワールド」プロジェクトは、その活動に賛同される会員を募集しています。
☆個人会員　年会費3,000円、☆法人・団体会員　年会費10,000円
〈申込方法〉 ゆうちょ銀行 振替口座：02220-9-121980
加入者：「政宗ワールド」プロジェクト

古田　義弘（ふるた・よしひろ）

「政宗公ワールド」プロジェクト理事長、（元）東北福祉大学教授、住宅問題評論家、仙台郷土研究会会員。
◎1936年1月、岩手県一関市（千厩町）に生まれる。
1972年1月、NHKテレビ（NC9時）で土地問題で出演（田中内閣副総理・大蔵大臣の愛知揆一氏との対談）以降民放テレビ（25年年間）、ラジオ放送（35年間）住宅番組の企画出演。東北福祉大学教授。㈱フルタプランニング社長（40年間、月刊「住まいの情報」490号発行等）。東北都市学会会員顧問。東北ハウジングアカデミー学院長等。
◎委員　仙台市都市計画基本計画検討委員会副委員長、宮城県地価調査委員会委員（25年間）、宮城県における住宅の現状と将来に関する調査委員会委員等。
◎著書／宮城県百科事典」（河北新報社刊・分担執筆）「宮城県における住宅の現状と将来に関する調書」（宮城県刊・共著）「家は人を創る」「仙台城下の町名由来と町割」（本の森）「仙台八街道界隈の今昔」（本の森）「仙台城下わたしの記憶遺産」（本の森）等多数。

伊達政宗公生誕450年記念
伊達な文化の伝承と記憶

2018年4月24日　初版発行
編著者　古田　義弘
発行者　大内　悦男
発行所　本の森　984-0051 仙台市若林区新寺1丁目5-26-305
電話・ファクス 022（293）1303
E-mail　forest1526@nifty.com
URL　http://honnomori-sendai.cool.coocan.jp

印　刷　　共生福祉会　萩の郷福祉工場

落丁・乱丁はお取替え致します。
ISBN978-4-904184-94-3